KB153544

1970년대 어머니의 편지

1970년대 어머니의 편지

50년 전 가족 편지

글ㅣ윤영순, 이종인, 이종만(재현), 이종란
엮은이ㅣ이종익

앞줄ㅣ왼쪽 막내 재식, 오른쪽 종란
중간ㅣ왼쪽 장녀 종인, 오른쪽 종만(재현)
뒷줄ㅣ어머니 윤영순, 아버지 이동춘(오른쪽)

자연과 사냥

엮은이의 글

"어머니의 말씀대로 살았어야 했다."는 자각에서 이 책을 펴낸다.
1970년대 등잔불 밑에서 써 보낸 어머니의 짧은 편지!
때로는 편지지가 아닌 일반 종이에 써 내려간 어머니의 서툰 글씨…
편지를 읽고 또 읽어보아도 구구절절 자식 사랑이고 가족의 안녕뿐
이다.

어머니의 연중살림계획을 살펴보면 50년 전 농촌 여인들이 어떻게
살았고 그들의 후손이 어떻게 살기를 바랐는지 확연히 알 수 있다.
편지에는 시부모 · 남편 · 자식 · 친척 · 이웃의 소식도 전하고 있다.
경제적인 내용이 대부분인 이 편지는 암울함 속에서도 희망을 찾아
가는 한국 여인의 예민한 지느러미를 발견할 수 있다.

1973년 내 고향은 하루 세끼 보리밥도 먹는 집이 드물었다. 어느 집
을 막론하고 피폐한 환경이었고 문화란 말은 상상하기 힘들었다. TV
는커녕 라디오조차 없던 그 시절 어머니들은 오늘과 같은 풍요를 그
리며 살아온 삶의 표상이리라.

충남 예산이 고향인 엮은이는 당시 전깃불도 들어오지 않던 고향을
떠나 경기도에서 직장생활을 하며 어머니한테 받은 편지를 모은 것
이다.

어찌 보면 이 책 한 권으로 1970년대 한국농촌 생활을 오롯이 알 수 있고 이 땅의 여인들이 얼마나 치열한 삶을 살았는지 엿볼 수 있다. 엮은이는 나이 칠십이 넘어서야 "어머니는 성자와 같다."는 걸 깨달으며 이제 백수(白壽)를 앞둔 어머니와의 다툼보다 도리를 다하겠다는 각오로 이글을 바친다.

목차

우리 가정은 이다지도 쪼들리고 복잡한데
공연한 낭비는 절대 하지 말고
실속이 있어야 한다

마을이 물바다여서 피난 간 집도 있어요

날마다 동생들과 싸움을 하니까
누가 좋다고 하겠습니까

논에 갯물이 들어와서 농사지은 걸
못 먹는 집도 있어요

합격하니까. 춤도 추고 싶고 안아주고 싶더군요.
하 · 하 · 하 ·

제1편

1973년~1976년

1975년 초가지붕을 슬레이트 지붕으로 개량한 시골집 전경

· 윤영순 어머니

3년간 29편의 편지를 보낸 어머니는 1만여 평의 농
사를 지으며 편지를 쓴 것이다. 당시 우리 집은 조
부모님, 부모님, 형제자매, 상주 일꾼 9명이 살았
다. 어머니는 아홉 명의 식생활과 자녀 교육 등 집
안일을 뒷바라지하셨다.

솜씨가 좋으셨던 어머니는 주변 마을 경조사에 불
려다니며 바느질부터 음식차림까지 도우셨다. 아
버지는 마음씨 좋은 사자(?)처럼 지내셨으나 어머
니는 온종일 바람개비처럼 움직였다. 게다가 호랑
이 같은 할아버지의 호된 꾸중은 뉴스특보(?)처럼
들으셔야 했다.

이런 와중에서 일을 놓지 않으셨던 어머니는 지금
생각해도 불난집 같았던 환경에서 어떻게 일했는
지 꿈만 같다고 하셨다. 그러면서 "시집와서 사흘
도 안 되어 술독을 깨시더라"는 조부님의 급한 성
정을 고백하듯 털어놓았다.

이렇듯 이 책은 50년 전 한국의 농촌 여인 생활이
오롯하고, 자식을 위한 어머니의 마음과 가족의 희
망을 엿 볼 수 있다.

알전에 충실이가 반다게~ 비소식이 가깝히
거소에~ 소식을 받고 갔다~
그가 네 다너 왔느지
그러고 밤이야 영화네 펀지나 그도 좀
되였으리란위람라고 반부이 비가라고 하기를
나는 알지도 못하 놓앙이라 덛 앙리라던
저니 둘이 한앙이인게~ 어련 하게 나고
앙고 쓰리던 영화너 모부터 편지흔떨러
온 하면 돼꺼라고 해요~ 주소논 영화네
가 가려 가고 내가 영앙너 하터 왜너이
돈알할 너이들이 해켱 보라고 해)다~
앙은글논 부주라고 인정은 흑기 마리~
몸네 바리흥 거거주면 마룬 몸집 앙
가늘법 위종이 몸 쭈고 받다 무슨 말라
마 되엇,서 관심한 생간 뱅나머~
나복잡하면 누가 앙아 주니 밤으로는
싸매코 그런앙흔 하기 마려라
네의청신 꼴차리고 갈매갑욷 따춤
가라우어라~ 그러면 답편거가라리며
명삼하여라~ 너매기~

"너희들 일은 너희들끼리
해결하는 거 아니냐?"

종익아

일전에 앞집 도련님 성이가 왔다가 네 소식이 궁금하다며 주소를 적어갔다. 혹시 네가 왔다 갔는지 묻더구나.

그리고 말이야 환이 모친이 무슨 '돈이 좀 되었으면 달라'고 왔던데 내가 말하기를 "나는 알지도 못하고 애들끼리 한 일이니 어련히 알아서 하지 않겠느냐고 말했다."

그리고 "더 이상 알고 싶으면 환이가 편지로 얘기하면 될 거 아니냐?" 말했다. 주소는 환이가 적어가고 내가 환이한테 "너희들 일은 너희들끼리 해결하는 거 아니냐."고 말했다.

그러하니 앞으론 누구도 인정을 두지 마라. 물에 빠진 놈 건져 주면 보따리 달라는 격이다. 종이를 두고 봐라. 고맙다는 말 한마디 없어 괘씸한 생각뿐이다.

나 복잡하면 누가 알아주겠니. 앞으로는 절대로 그런 일은 하지 마라. 너나 정신 꼭 차리고 갈대 같은 마음 갖지 말아라. 그러면 또 편지 기다리마. 이만. 명심하여라.

엄마가

하숙 생활은 어떠한지 궁금하구나

종익아

할머님 모시고 무사히 도착했느냐.

요즘 하숙 생활은 어떠한지 궁금하구나. 이곳 집안도 별고없다만 그때 약속한 계획은 그대로 이행하는지 궁금해서 편지 보낸다.

담뱃집 할매네 돈과 영일네 돈, 계 쌀 문제는 확실한 답을 듣고 하려고 미결중이다. 그러니까 중간에 실수를 안 하고 꼭 지키려면 곗돈이 5천원 안팎이니 그리 알고 모두 합해서 32,000원 송금하여라.

총 곗돈 5천원, 담뱃집 할매네 21,200원, 영일네 5,000원이다.

추신

답장 빨리 보내라.

친목계 날짜는 매월 30일이다.

마포 과부댁엔 갔다 왔니? 안 갔거든 가서 받도록 하여라.

5월 5일이라고 하였지.

1973. 4. 22.

엄마가

어제 한 편지 는 왜 마리 오개주나— 니머 도
편지가 늦저 하오 불잡하고 궁금하기에
전화를 걸어고 하다가 편지를 되워 보앗다
종지 니전에 건저 저화 버럴로 전화좀 거려 노고
햇드니 친안요 양어구나 언젼지 답서가 엄던 것
이 곳을 모래기 라 걸리리기 하화 받아 눈구뜨
진신 엄마 눙비가 불잡 하고 담배집 동으
감자에 할 텐데 매이러 락라면 쓰저 가니
곤 알 이 구나 아버지 는 언제 된 알 인지
약속 을 지기지 안는다고 회푹리 하지 타
역시 도 모든저 불잡 하게 그럴 수 밖게 도니
우이 회비 라 모심으로 일 억갑 해서 우선 70000원
이 불갑하다 우리 모내기 는 6月 11日 이러면 끝 난다
그러게 될 수 인눈대로 우선 급한 용돌으대 우만
총 취갑어 깨어춤 수음해서 보내니 바로 깨을
언지 되 있는지 아 바저 와 약속한 간억 늘 기론 찾고
모심을 노일에 일 만 앗으니 그 두자지 눈 그 억 수 요
끝 거시다 그러 알 고 농사 는 한 칠 이 어 나니
한 때 니 몬도 각구 길어 먹짐

그러 먄 줄이 하...

두 아이 회비와 모심은 공임 합해서
70,000원이 부족하다

종익아 답서
어제 한 편지는 퇴짜 맞아 오겠구나. 너무나 편지가 늦어 복잡하고 궁금하여 전화를 걸려다가 편지를 보낸다.

종진이한테 전화 좀 걸어달라고 했더니 못 전한 모양이더구나. 어쩐지 답서가 없어서 이상하다 싶었다.

이곳은 모내기와 보리베기가 한창이라 눈코 뜰 새 없이 바쁘고 정신없다. 요즘은 영농비(營農費)도 복잡하고 담뱃집 빌린 돈도 갚아야 하는데 왜 이리 늦어지는지 큰일이구나. 아버지는 어찌된 일이냐고, 약속을 지키지 않는다고 되풀이하신다.

역시 모든 게 복잡하니 그럴 수밖에 없구나. 두 아이 회비와 모심은 공임 합해서 70,000원이 부족하다. 우리 모내기는 6월 11일이면 끝난다. 그러니까 될 수 있는 대로 우선 융통을 해서라도 급한 불을 껐으면 좋겠다. 빨리 좀 해서 보내고 마포 그집 빌려준 돈은 어찌 되었는지.

아버지와 약속한 금액은 비료 사고 모심은 노임이 일부 남았다. 그래서 액수는 약간 줄 것이다. 그리 알고 농사는 한 철이란 말을 명심하여라. 담뱃집 할매네 돈은 자꾸 길어져서 걱정이다.
그럼 몸조심하고 또 소식 기다리마.

엄마가 답서
1973.6.10.

송금 편지 잘 받았다

종익아
편지 받고 또 바로 송금 편지 잘 받았다.
우선 만원이라도 갚을 테니 또 편지대로 갚도록 하여라.

집에서 먼저 갚으면 좋겠지만 집안 실정이 그렇지 못하니 그런 줄 알
아라.
두 아이 회비 또 만원이 넘는 모양이기에 모두가 복잡하구나.

그런 줄 알고 이만
추석에 꼭 기다린다.

엄마 답서
1973.8.3.

앞마당에 우물을 파는데 갯둑이 터져 정신없다

종익아

너무나 보고프던 차 너희 편지 받아보니 반가운 마음 비할 데 없다. 여기 소식이 없다고 엄마의 원망을 말고 너는 왜 편지를 자주 안 하니. 네가 하도 직장을 옮기기에 또 "자리를 옮겨서 소식이 없나 보다."라고 혼자만 생각하고 있었다.

엄마도 남들 자식 낳을 때 나도 낳았고 내가 낳을 때 남도 낳았건만 나는 왜 이리 고통을 겪게 되는지. 하루라는 시간이 천날만 같아 우리 어머니가 나를 낳을 때 무슨 음식을 잡수시고 낳았길래 내가 이런 만고풍상을 겪고 사는지.

나의 앞날이 얼마나 가련한지, 너희 부친 주사 점점 심하고 너희 조부님 극성 날이 갈수록 더하니 세상에 태어난 게 죄인가 싶구나. 종익이와 재식이만 아니라면 내가 왜 이런 환경에서 살아야 하는지. 아무튼 지저분한 글을 적어서 미안하다.

그리고 지난 23일경 눈이 빠질 뻔했다. 어찌 사람이 약속을 지키지 못하느냐. 실천이 없으면 편지라도 해야지. 나는 또 자리를 옮긴 줄 알았다.

참 전보와 편지가 같이 왔더구나. 편지에 적어 보내지 왜 전보는 따로 했니. 생각을 따로 했나.

일금 만원 보내면 우선 그거라도 갚을 테니 또 되는 대로 보내거라. 엄마가 웬만하면 갚아 주겠다만 하도 여유가 없어서 미안하다.

지금 우리는 우물을 파는 중인데 갯둑이 터져 신종리 일대는 정신이 없단다. 하지만 우리는 아무 피해 없어 다행이다. 염려 말아라.

그러면 종익아, 추석 때 오기를 기다리며 이만 줄이고 편지 답장 좀 바로 보내라. 송금은 언제쯤?

부디 성공해서 옛말을 나누면서 살기를 엄마는 주야로 축원한다. 내가 태어나지 않았더라면 우리 종덕이가 왜 초토에 묻혔을 거냐.

그럼 종익아 부디 몸조심 하여라.

엄마가

1973년 8월 30일

No. 종일아

종일아 답서 보낸다— 방서 네가 왔다 간 것가
발로의 되얬서— 떠난후 편지 가 느저서
죵근 하였다— 그대 영중이 와 같이 농행을
안 해자는 소식을 듣고 있다 이곳 집안 은 모두
그런 안 들라 기다니 아무 염여 말고 네 놈이나—
죵인 하거라 이곳에서는 항상 네와 영세
가 머리 우에 잡게 잇고—
그리고 나는 알기를 네가 삼춘내 주를도
적어서 가지고 간줄만 앍고 먼저 편지를
받코 네께서 편지 가 오기만 기두르시니라
그런줄 알아 드라전 리장 편지 에 보낼
거 늘 놀았다 삼춘내 가지는 편지 좀
건내 라고 하여라 이제 굼직한 가을
을 맞아 오고 살롱에 근심이 노 아지를
안보다 네가 가저돈 삼촌한테 여기기좀
해여라 왜 편지 도 못하누거
나도 편지 하겨야 지금 우리는 추런 맛싯
할라고 거제 올가저 오는 중이다 그럼 이만
간 소식 발 써거라 놈줌기 하고 열금 하여라
이마 그리고 집좀 보내도록해
변희 그리고 안녕   엄마가 답서
영태 주소는 영등포구 가리봉동
'140 2.13일 10을 5時

끔찍한 가을은 다가오고 심중에
근심이 놓이질 않는다

종익아

답장 보낸다. 벌써 네가 왔다 간 지가 보름이 지났구나. 떠난 후 편지가 늦어서 궁금하였다. 그때 명종이와 함께 가지 않았다는 소식을 들었다. 이곳 집안은 편안들 하시니 염려 말고 네 몸이나 조심하여라. 이곳에서는 항상 너의 염려가 머릿속에 가득하다.

그리고 나는 네가 삼촌네 주소를 적어 가지고 간 줄 알고 편지를 안하고 네게서 편지가 오기만 기다렸다. 그런 줄 알았더라면 진작 편지를 보낼 걸 그랬다. 삼촌네 가거든 편지 좀 보내라고 하여라.

이제 끔찍한 가을은 다가오고 심중에 근심이 놓이질 않는다.
이번에 외삼촌을 보거든 이야기 좀 하여라. 왜 편지도 못 하는지. 나도 편지 좀 하려고 한다.

지금 우리는 초련바심(그해 첫 타작) 하려고 벼를 가지고 오는 중이다.
그럼 이만 소식 또 전하자. 몸조심하고 열중하여라.
그리고 짐 좀 보내도록 해.

영태 주소: 우편번호 150-03 서울 영등포구 가리봉동 140-13호. 10통5반. 진흥상회 1호
김영태

그럼 안녕. 엄마가 답서
1973.9.27

종일아 그동안 잘 있었느냐

[이하 본문은 손글씨로 판독이 어려움]

바심(곡식의 이삭을 떨어 낟알을 거둠)과 초가지붕도
개비했고, 김장만하면 올해는 끝이 난다

종익
그동안 잘 있었느냐.
바쁜 핑계로 편지를 받고 답장을 못 했다. 너는 근무에 충실하겠지.
그런데 어찌 혼자 몸으로 개를 200마리나 키운다고 하느냐. 물론 노
력도 좋지만 개가 200마리이면 얼마나 잔공이 든다고 그러느냐. 하
겠다는 의지는 좋지만 그래도 누가 보살피는 사람이 있어야지 너 혼
자 판단 한 거 같아 엄마는 아슬아슬하다. 개를 기르면 어디에서 기
르고 운동장도 있어야지 먹이는 무엇으로 먹일 건지 등등을 계획하
고 행동해야 할 것이다. 개라는 짐승은 세끼만 주면 잔일은 없다만
그래도 누가 보살펴야 하지 않겠니. 덕분에 집안은 다 편하고 바심과
초가지붕도 개비했다. 이제 김장만 하면 올해는 끝이 난다.

그리고 종익아,
외삼촌네 말이야 다행히도 집 걱정은 덜었다만 계미(契米)가 남았다.
그 계미만 끝내면 엄마는 외삼촌네 걱정은 덜할 것 같구나.

엄마의 머릿속에 가득찬 조바심! 어찌 될런지 걱정이다. 외삼촌을 만
나면 말씀 좀 드려라. 계미(契米) 마련해 가지고 와서 김장 같다 했으
면 좋을 거 같다고……

요즘은 편지도 한 장 없고 희소식을 전할 게 없는지 답답해서 내가
편지를 띄웠는데 답장도 없구나.
종익아, 엄마도 너 있는 곳 한 번 가고프다.

1973.11.16.
엄마가 보낸다.

지붕을 개량하라는 정부의 규칙이 있지 않니 기와값 10만원만 보태면 좋겠는데 너의 생각을 묻고 싶구나

종익아

엄마는 무사히 도착했다. 그런데 너와 상의한 대로 집에 와서 의논을 해본 결과 그곳에서는 단순하게 생각했는데 그리 쉬운 문제가 아니구나. 농토를 한꺼번에 매각을 하자니 금방 매수자가 나타나는 것도 아니고 각각 팔려고 하면 좋은 자리는 쉽게 팔리겠지만 나쁜 자리는 안 팔릴 것이 분명하다. 그래서 생각보다 쉽지 않을 거라고 아버지는 말씀하신다.

그러니까 그 점은 포기하고 다른 방법을 찾던지, 장관논이나 팔아서 남의 채무나 갚았으면 싶다. 그리 알고 마음 푹 놓으려무나.

엄마 말대로 내년 농비도 부족한데다 할아버지 제사와 종란이 학비가 또 산이 되고 보니 더욱 짐이 무겁게 되었다. 또 정부의 새마을 작업에 안 따르면 안 될 규칙이 있어 그것도 해야 할 모양이다. 이 모든 게 돈이고 걱정이 되는구나.

새마을 지붕(슬레이트) 개량은 융자를 준다지만 기와는 융자가 없고 현찰로 사야 한다. 이왕 하는 김에 기와로 하면 좋겠지만 시골에서 현찰을 구하기가 어렵지 않느냐.

혹 네가 기와값 10만원만 보태면 좋겠는데 어떨지 모르겠구나, 너의 생각을 묻고 싶구나. 기와는 칸당 8,000원이라고 한다.

그리 알고 다음 일이 진척되는 대로 편지하마.

네가 좀 절약하고 집에 보조 좀 약간만 보태주면 우리 가정은 힘이 될 것 같다. 장관논 청산해서 나머지 채무만 끝내면 아무 걱정 없겠다. 너희 계획은 올해 못하면 명년에 하면 좋겠지. 그럼 되는 대로 또 소식 전하마.

엄마가 상의하느라고 늦었다. 삼촌네는 아직 편지가 없다.

1973.12.12.
조심하여라.
엄마가.

뒷줄 군복 아버지 이동춘
오른쪽 남학생 윤희경 외삼촌
왼쪽 중간 윤영복 이모님
앞줄 흰색 저고리 어머니 윤영순
맨 앞 둘째 아들 종덕(사망)

외삼촌네는 어디로 갔는지?

종익아

다녀간 지가 10일 넘었는데 소식이 없어 궁금해서 편지를 보낸다. 그간 몸 편히 지냈는지. 이곳도 별일 없고 편안들 하시다. 그런데 외삼촌네는 어디로 갔는지. 주소를 알아야 편지라도 해 보지 답답하구나.

자리를 옮겼으면 무슨 소식이라도 전해야 대책이라도 세우지. 당최 궁금해서 죽겠다. 너 역시도 편지 좀 자주 하여라. 외상값은 엄마가 몇 차례 독촉을 받아서 우선 5,000원이라도 갚았으니 나머지는 어떤 일이 있더라도 이번 월급 타면 갚도록 하여라.

이잣돈 5,000원 갚았어도 나머지 이자가 4,840원하고 원전 10,000원 합해서 14,480원만 갚으면 된다.

쓸데없는 잡념은 두지 말고 지난 일에 무슨 결과가 있었나 생각해 보아라. 내가 하도 복잡하고 쪼들려서 종이한테 갔더니 역시 어려운 거 같더구나.

그러니 쪼들리는 나만 복잡하지 무어냐. 이제는 나도 모르겠다. 생각해서 하여라. 외삼촌 편지할 곳 주소 좀 보내거라.

1973. 12. 15
엄마가

상근이는 잘 놀고 있다

엄마는 그날 11시경 도착하였다.
너는 그날 계획대로 일을 보고 갔느냐.

그리고 네가 사서 보낸 아버지 셔츠는 전체적으로 작아서
바꾸어야겠더라. 팀신도 큰 것으로 바꾸었으면 싶더구나.

편지 좀 자주 해다오.
그럼 몸조심하여라. 상근이는 잘 놀고 있다.

1974년 3월 10일

엄마 선물 잘 받았다

종익아
네가 보내 준 엄마 선물 잘 받아보았다.
너 본 듯이 신겠다.

엄마가 보내 주는 너의 셔츠도 잘 입어라. 치수가 맞을런지,
만약 안 맞거든 설 때 가지고 오거라.

1974년
엄마가

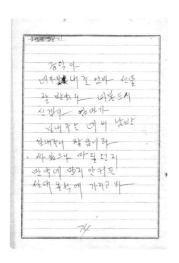

논은 팔았는데 채무가 90가마니이구나

종익아

전번에 보낸 편지는 잘 받아보았느냐. 쪼들리고 쪼들리다 결국 장관 논은 매매가 되고 말았다. 매매단가는 백미 7되 3홉씩 총 58가마니인데 채무가 90가마니이구나.

그래서 집에 남은 벼를 찧어보니 백미(쌀) 39가마니가 되는데 일꾼 10가마니 주고 보니 29가마니가 남았다. 이를 합해보니 87가마니가 아니냐. 채무를 청산하자면 2가마니 반이 부족하구나.

그런데 힘들 땐 더 힘 드는 일만 생긴다더니 올해는 할아버지 명의로 된 논밭을 이전까지 하게 생겼다.

그래서 상속을 하려니 그것도 신경 쓸 일이 적지 않구나. 우선 아버지한테 이전을 해볼까 하는데 이전비가 자그마치 6~7만원이나 든단다. 게다가 작년에 미결된 원장논도 등기를 하려는데 그것도 14,000원이나 든다니 모든 게 복잡하구나. 거기다가 명년에는 지붕개량도 해야 하는데 걱정이 태산 같다.

"이제 빚이라면 아주 기가 죽어" 더 이상 빚을 지고 싶지 않다. 지붕개량을 하자면 대략 30만원을 가져도 부족인데 아무리 생각해도 감이 잡히지 않는다. 그러니 네가 반절만 대어주려무나.

너도 생각해 보아라. 너 혼자서 봉급 8만원이라면 현재 백미로 치면 4가마니 반이다. 그 금액을 가지면 우리 집식구들 생활하고도 남는데 너는 아무 계획도 없이 소비를 하고 있으니 나로서는 계산이 서지 않는다. 네 봉급 중 반만 도와주면 우리는 백미 한 가마 팔지 않고 생활할 수 있다.

그러니까 생각해서 하여라. 사람의 일이 어찌 될 것인지 누가 알겠느냐. 우리 가정은 이다지도 쪼들리고 복잡한데 공연한 낭비는 절대 하지 말고 실속이 있어야 한다. 내가 충고 안 해도 네가 알아서 하겠지만 모든 게 염려가 되는구나.

명년부터는 작년보다 농비도 더 들어가게 되고 또 종란이 학비, 할아버지 제사 등 이걱정 저걱정 잠이 오지 않는구나. 이러니 절대 남의 사정을 들어주지 말아라. 종이를 두고 봐도 소용이 없는 일이 아니냐. 집에서는 앞을 내다보면 눈이 캄캄하다.
그럼 편지 받고 답장해다오.

1974. 10. 17.
엄마가

내복 좀 사 입고 춥지 않게 지내거라

종익아

그간 몸 편히 잘 있었느냐. 이제 13일만 있으면 너를 만나 보겠구나. 종익아, 구정에 올 적에는 빨래 거리 가지고 오너라. 겨울에 한 번도 빨지 않은 옷도 있지 않겠니. 매사에 오죽이나 복잡한 점 많겠니. 엄마는 눈에 선하구나. 그리고 추워서 떨지 말고 내복 좀 사 입고 춥지 않게 지내거라. 네가 보내 준 엄마 털신은 꼭 맞는다.

종익아, 그리고 말이야. 삼촌네로 편지를 했는데 약 일주일 만에 '이사불명'이라는 꼬리표가 붙여 돌아왔더라. 어찌 된 일인지 몹시도 궁금하구나. 삼촌께서는 오죽 답장이 없다고 기다리겠니.

그래서 너한테 부탁은 네가 좀 괴롭더라도 삼촌댁에 가서 말하기를 '아버지가 위친계쌀(부모 등이 초상을 당했을 때 도움을 주기 위해 조직한 계)를 조합에서 3인 보증 세우고 현금으로 막아 주었다.' 그 돈의 상환 기한은 양력 3월까지이니까. 그리 알고 갚아야 한다고 이 편지를 보여드려라.

삼촌네 생활은 오죽 고달프겠니. 바싹 마른 그 모습이 눈에 선히 보인다. 그럼 너희 소식 기다리며 이만 줄인다. 삼촌이 못 오신다면 편지라도 자주 해주면 마음이 놓이겠다.

만약 네가 가지 못한다면 편지라도 써 붙이고 오너라. 편지 내용은 이 편지대로 갚을 돈은 약 180,000원이면 된다고 아버지가 하시더라. 삼촌네 말이다. 위친계 백미(白米) 다섯 말(5斗)짜리를 아버지가 설

립하시는 데 삼촌도 한 몫 넣어주신다고 하시니 네가 가서 삼촌한테 말씀드려라. 위친계미 대금 5말(斗) 값은 6,000원이다.

이 계는 외할머님 몫이라고 여쭈어라. 계원은 11명이다. 시간이 없으면 편지를 띄워 삼촌께서 시간이 있으면 잠깐 왔다 갔으면 좋겠다. 노인들 때문에 상포계가 있어야지 없으면 상을 당할 때 복잡한 거란다. 그리 알고 꼭 글을 전 하여라

1974.11. 엄마가

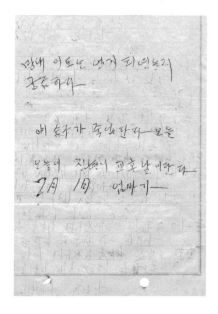

재현아 잘아라

엄마가 대문을 만들어 달았는데
집이 궁전 같다

재현아 보아라.

요새 일기 매우 쌀쌀하여 너희들이 추워서 무릎을 떨고 있는 모습이 선하구나. 날씨가 추우니 너희들 생각이 한층 떠오른다. 이제 열 밤만 지내면 오겠지.

그리고 추운데 빨랫거리가 제일 문제여서 엄마는 그게 걱정이다. 추운데 세탁물 모아서 가지고 오거라. 우리 집은 요사이 엄마가 대문을 만들어 증석이가 달았는데 '대문이 궁전' 같단다.

대문만 제대로 만들어 달아도 눈에 띄는구나. 그리고 종익이 춥게 살지 말고 내복 좀 사 입어라. 추워서 떠는 게 눈에 선하다. 집에 올 적엔 추운데 늦게 오지 말고 가능하면 일찍 오너라.

그럼 이만 줄인다.

삼촌네는 아직 못 갔겠지. 막내 이모는 어찌 되었는지 궁금하구나.

야, 구 씨가 죽었단다. 오늘은 저 윗집 현이 결혼 날이란다.

1975.2.1

엄마가

종익아 답장 보낸다 ─

성심으로 보내준 소풍는 잘 받았다
재현이 태리로 너로 몽땅한 테
웨그리 걱정은 했느냐
집 안도 편안을 하시요 ─
네이불 싸 매는 엄마 ─ 그 소리
마치 하소을 하엿는지
네 마니로 하숙게 밧사 너에게
쌀밥을 준가 갓고나 ─
그리고 왜 춘천나는 내려 왓나
궁연한 얼로 네에 버름한 내줄기고
재현이 노 집에서는 엄마게 ─
편지 펼을 등록받고 걱정 잣더니
알고 깁이 생재한 제 매를 해송구나
잘 하나 우리 재현 니 태현 로에
이런 울기 안니 너의 저 않는 우리집을
쪽 잡이나 소속 해 너이를 보고갑시
어서 주자 이 익기만 집에서는 기다린다
살론네는 아주 동감고
종익나 x 가락가지 학원에서 나가고
밧아나 25일까지
그럼 이만 즐린다
       많은 요금들 두에리 ─
      75년 1월 23일 도의 엄니

장하다 우리 재현이
너마저 없는 우리 집은 너무나 쓸쓸하구나

종익아, 답장 보낸다.

성심으로 보내 준 소포는 잘 받았다. 재현이 데리고 너도 복잡한데 왜 그리 걱정을 했느냐. 집안도 편안들 하시다.

너희들의 식대는 얼마나 드는지 또다시 하숙을 했는지. 너무나도 하숙비가 비싸서 너에게 부담을 준 것 같구나.

그리고 왜 종진이는 내려왔니. 공연한 일로 너에게 신경만 쓰게 한 거 아닌지 염려된다. 재현이는 집에서 엄마가 편지할 줄 모른다고 꾸짖었더니 알고 보니 편지만 제대로 하는구나.

장하다 우리 재현이, 태권도는 어렵지 않니? 너마저 없는 우리 집은 너무나 쓸쓸해 너희들 보고 싶어 구정 오기만을 기다리고 있다.

삼촌네는 아직 못 갔겠지.

종인이는 아직까지 학원에 다니고 있다. 25일까지.

그럼 이만 줄인다. 몸조심하거라.

1975. 1. 23.

모의 답서

경아야 보아라

그간 아무런고 없이 무고하냐

네 앞에 하여 보낸 등기는 잘 받았다 그
으지 바로 바로 한장 대면 다 되면서 을
왜 이리 글이 없어 받아 펼침이 부치되 가면서
기 사랑히 진에 대한 감정을 터러주어라
고 맙다 그리고 너간즉 그 학교날 바로
회 부쉬 에서 바로 고지 하 가 나 보드라
그래 어제 28일에 감자 내고 왔지
내가 말여러 예산에 찾아 버지 신신 래
가서 니한테 전화 울거려는데 왜
받지 안느다고 하여는지 2번 거건
느데 그 여전히 안받느데 그래서 내 음
은 회사에서 일을 노러를 간줄 알았다
그렜니 그런지 도 모르지 아니면
전화가 그곳에서 모르게 고장인 모양
이지 우리 집 옮겨려는 오늘까지 하려면
된다 그러면 좀 사옴에 꺼지
하기로 하고 이만 주럿다—
몸 건강히 조심 하고 엿 한 개도
조심해 받도 고치어 니 제 백사 하고
받좀 고쳐 라 하며 안녕

75년 4月30日 엄마가 —

집에 대한 걱정을 덜어주어서 고맙다

종익아 보아라

그간 아무 연고없이 무고하냐. 네 염려에 보낸 등기 잘 받았다. 편지 받고 바로 답장 띄운다면서 늦어졌다. 많이 기다렸겠지.

집에 대한 걱정을 덜어주어서 고맙다. 그리고 네가 간 바로 그 이튿 날 세무서에서 고지서가 나왔더라. 그래 어제 28일에 납부하고 왔지.

내가 말이야 예산에 할아버지 생신 때 가서 너한테 전화를 걸었는데 왜 받지 않는다고 하였는지 두세 번 걸었는데 여전히 안 받는다고 해서 내 속심은 회사에서 일동 놀이를 간 줄 알았다. 그런지도 모르지. 아니면 전화가 그곳에서도 모르게 고장이 나서 그랬는지도 모르겠고.

우리 집 못자리는 오늘까지 하면 된다. 그럼 다음에 또 편지하기로 하고 이만 줄인다.

몸 건강하고 연탄가스 조심하여라.
방은 고쳤니?
만사 제쳐두고 연탄방 좀 고처라. 이만 안녕

1975.4.30.
엄마가

이모의 참된 노고로 4남매의 앞길을
열어주는 마음은 참으로 갸륵하구나

종익이 보아라

요새 일기 쌀쌀한 날씨에 재현이를 비롯하여 모두 편안들 하시다. 엄마는 9일 날 종란이와 대전에 갔다가 12일 도착했다. 모두 만나서 재미있는 자리가 될 줄 알았으나 불행히도 막내 이모가 끼지 못해 아쉬운 자리가 되고 말았다. 생각해 보면 꿈을 너무 크게 꾼 것 같기도 하고 말이야. 하여튼 불행히도 전날과 똑같은 행동을 일으켜 참으로 유감이구나.

그자가 온순한 행동은 하지 않고 이상한 계집애한테만 정신이 빠지고 깜찍하게 숨겨온 사실을 외삼촌한테 발견되어 용서할 수 없는 실정이 되는가 보더라.

간밤의 꿈에는 나의 아랫니 한 개가 빠져서 마음이 더욱 불안하구나. 대전 이모 댁은 이모의 참된 노고로 종진이와 미옥이 졸업을 하게 되었단다. 다행히도 미옥이는 고등학교에 합격하였고 종진이는 충대에 시험을 치를 예정이더구나.

종국이는 4월에 입대 영장을 받았고 이 모든 게 이모의 가없는 노력이라 장하기도 하지만 한편으론 걱정이 되기도 하는구나. 종진이 대학 등록금만은 종국이가 마련해 놓았다니까. 그 문제는 해결이 되었다지만 종국이가 입대를 하게 되면 그 뒤 경제적인 문제가 또 발생하

왼쪽 윤영순 어머님
오른쪽 윤소진 이모님

기 때문에 종진이가 입학해 놓고 자원을 해서라도 형제가 군대를 치를까 하는 생각이더구나.

종승이는 화천 근방 부대의 통신부대에 복무하는 모양이더라. 이모의 참된 뜻으로 4남매의 앞길을 열어주는 마음은 참으로 훌륭하고 가슴 짠한 일이구나.

12월 대전에서 외삼촌과 숙모 상근이 상명이 모두 천안에서 작별하고 왔다. 종익아, 상근이 이모께서 외삼촌네 주소를 몰라 상근이 이모가 그곳을 갔었다는 이야기를 들었다. 외삼촌네 주소는 생각지 않게 양주군 아니겠니. 외삼촌은 두 남매 키우는데 공기 좋은 곳을 찾아 외진 곳으로 갔다고 하더라만, 내 생각엔 오죽하면 그랬겠나 싶어 가슴이 시리더라. 이 편지 받고 나서 한 번 찾아가 보았으면 싶구나. 그럼 이만 줄인다. 편지 좀 해.

엄마가
1975년 1월 14일

종억

종억아 무더운 날지에 풀려니 잘 인는냐
소긱이 둥근하여 소익 말 낸다
이곳 집안도 모두 편안들하 기다
안심하고 너이 몸 조임 하거라
둥근하데 연지 몰한다 떼의로 왜그리
시간니 없저   모보 받다

서로소긱은 막고 없어 아지 너머도 궁근해
저 안아도기 자도수고가 너머도 인다 짜 추이
노아가 안해 라디오가 없슬때는 아 직 소리
안들을때는 모르건 만니 밤슬파뉙수 를들대
마수가 가슴 저정해 줘 너의 생각 떼응라
또논 친구의 해라 쥭 명잔 왼 오늘 차기
맛나 봐저 짐조보내 거라   그러고 8.20이경
에 논 숑감이 될거 인가 이자가 5게월복
이자논 마음 압프바우고 라도 볼감온 꺼어
바지 8000원 우리도 이땅로는 우물을 파낼
에 전이다 그럼 몸 조넘하 거라   끈지하데

        엄마 가   8月10日

우리도 우물을 파 볼 셈이다

종익

무더운 날씨에 몸 편히 잘 있느냐. 네 소식이 궁금하여 편지 보낸다. 이곳 집안도 모두 편안들 하시다. 안심하고 너도 몸조심하여라. 나는 편지를 쓴다면서도 시간이 없어 못 쓰고 이제야 펜을 드는구나.

서로가 소식을 알고 있어야지 너무나 궁금해서 앉아 있어도 사고가 잦아 마음이 놓이질 않는다. 라디오가 없을 때는 소식을 못 들으니 모르고 지나갔지만 뉴스를 들을 때마다 가슴이 '쿵' 하고 너의 생각이 떠오르니 매사에 주의하여라.

혹 여기 오는 차가 있나 봐서 짐도 보내거라. 그리고 8.20일 경에는 송금은 될 것인가. 이자가 5개월분이다. 다음 달로 미루고라도 원전은 갚아야 하지 않겠니. 20,000원이다.

이달에는 우리도 우물을 파 볼 셈이다.
그럼 몸조심 하여라.
편지하고.

엄마가
1975.8.10.

황소를 208,500원 받고 팔았다

종익아 보아라

네가 다녀간 지 한 달이 넘어 소식이 궁금하구나. 그간 몸 편히 업무에 충실했느냐. 회사의 사업도 여전하겠지. 이곳 집안도 모두들 편안하시다.

사무실 미스 김도 잘 있는지. 우리 집안 소식은 요즈음 황소를 208,500원 받고 팔아서 지붕 개량을 하려고 예정했는데 무슨 일이 계획대로 되지 않는다. 소를 처분하고 보니 우선 쌀도 내 것이 없지만 쌀값도 내려서 삼남매 교육비를 오만원이나 쓰고 보니 십오만원 남았다.

그래도 계획했던 일은 시작하려고 한다. 집 세 채 모두 슬레이트로 개량하면 좋겠는데 복잡해서 우선 두 채나 하고 윗 채는 명년 봄에나 할 것이다.

그러니까 네가 오해하지 말고 금일십만원만 보태주면 충분히 착수할

수 있을 것 같다. 너한테 부담을 주지 않으려고 했더니 아무리 생각해도 되지 않아 그리 알고 편지 보내거라.

종란이가 편지를 해도 답장이 없다고 "오빠 마음이 변했다"고 하더라.

그리고 종익아,
엄마는 내일 3월 15일 서울 구경 가는데 버스 왕복 대절비 1,500원에 동작동 국립묘지와 어린이 대공원 자유의 다리 남산공원 또 아모래 화장품 회사 등등을 구경하고 온단다.
그럼 이만 잘 있거라.

엄마가
3월 15일
몸 건강히 안녕히 계십시오. 종란

종아 종아라
만 너 간지 안케 했어 니릭 무검 없나
상하 이 갈끔 하 우나 옷한 종걸에
좋살 새었니 그리고 회사에
또 사업도 어찌 하겠지
이곳 잘도 또 좋아 둘 하시 하
안심 하여라 그리고 피스 같도 잘
있었니 우리 잘안 좋은 오리움
황소 는 29,500 받고 팔라 저 지붕
갈라 을 할까 하 예정 를 해 논데
즐은 알리 귀 할대로 회기를 아두나
취갑을 라고 날이 취 살로 버껴지 않지라
봉대 또 데려 갈꼴나서 드명래 피묵에
는 수중가 쓰고 있니 /5만 없니 낭 날
그래도 위 학을 래 들거니 월로 의 친
래를 예정 이라 집에 또는 또두 하면
조첨 늦터 봉갈래 여 우리 두래나
라고 썼는 면년 양 에 별 예걸 그럼니 끼
니가 오래 라지 많는 / 욜 十 욜 들 마니
봉래 주면 들 보니 언지 아곱 일을 찾수
하게수 마 못 하면 종응다 마 비라고
좋아 왜 다 하면 너 한의 부탁을 우리
아곱 한 에 했으니 아무리 생각 대도
우리를 만해 그러니까 그러 앙고 그러 웁어

또 그리고 편지 좀 종종 하거라
라 하지를) 런저래 도 랍장이 없다고
오빠 맘을 기본 했다고 한 단다
그리고 종입아 엄마 는
내일 3월3, 15일 에
서울 구경 가는데 학동대전 비 1500원
대전비 왕복 비 돈락을 토리로부터 (
대공원 자유구라 남산 공원 단
아래 화랑곡 회사 둥둥 에 구경
하고 만녀 온단다 그럼 이만
잘있거라
엄마 가

3月 15日

몸건강 이 안녕히
계성서 (종판)

아무리 생각해도 종란이 중학교는
못 보내게 생겼다

종익아

네가 보낸 편지 잘 받아보았다. 그런데 논을 팔아 정리하면 모든 게 청산이 되는 줄 알았더니 웬일인지 채무가 5가마니 이상 남는 데다 상속 이전을 하자면 무척이나 많이 들뿐더러 또 고모들도 권리가 있지 않니. 그래서 골칫거리가 적지 않다. 아무튼 언제 해도 결국은 네 앞으로 이전해야 할 문제라서 이참에 네 앞으로 이전하시었단다.

이전비는 10만원 이상 들고 또 조합비와 합해서 22만원이라는 돈이 들어간다. 그래서 남의 채무가 15가마니 이상 되게 생겨서 참으로 걱정이구나.

아무리 생각해도 종란이 중학교를 못 보내게 생겼고 종인이 부기와 주산학원 2개월 남았는데 그것도 못 보내게 생겼다.

나머지 벼를 찧어도 명년의 농비(農費)가 태반이나 부족할 거 같으니 올해도 걱정을 못 면케 생겼다. 아버지 걱정하시는 소리 듣고 볼 수가 없어 우리 집 형편에 뻔한 사정인데 어디에 기댈 곳이 없구나.

그렇다고 너한테 부담을 주는 것은 아니지만 가정형편을 함께 알아야 할 거 같아 전하는 것이다.

어쩐지 여기는 날이 갈수록 점점 더 산이로구나. 이제 걱정 좀 면할까 했는데 맨날 마찬가지이구나. 재현이는 좀 있다 보내마. 12월 대목에 너하고 함께 오도록 날짜를 생각해서 보낼 테니 그리 알아라.

너무 이전비가 많이 들기에 갯고랑으로 떨어진 논은 등기가 살아 있으니까. 다음에 이전해도 될 것이다.

외삼촌네 주소는 무소식이야. 이모네 주소는 안암동 1가 359번지 4통7반. 여기에서 조금 내려왔다고만 했어.

1974. 12. 24
엄마가 답

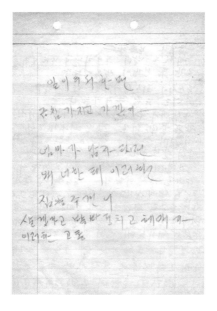

연탄방은 잘 고쳤는지, 주야로 걱정된다.

종익이 보아라

계절은 벌써 추운 기분이 드는 요즈음 그간 몸 건강히 잘 있었느냐. 무소식이 희소식이라는 말만 믿고 너무도 무정하지 않으냐.

아직 금침을 못 보내 주어 선선한 줄 알면서도 집을 비우기가 그리 쉽지 않구나. 올핸 흉년이 들었는데 왜 이리 바쁜 건 마찬가지인지 눈코 뜰 새가 없구나. 항시 염려되던 그 연탄방은 잘 고쳤는지. 주야로 걱정된다.

종익아, 삼촌은 불쌍한 생각이 가엽다. 엄마는 그 소식을 듣고 한 번도 못 가보아 애만 태우고 있다. 오늘은 외할아버님이 오셔서 말씀을 하시는데 어제 작은할머니가 면회를 갔다가 오셨다는데 아직 미결사에 있다고 한다. 그 미결사는 운전사만 취급하는 곳이란다. 그런데 그 뒤 일은 상근이 외삼촌이 수고를 많이 하시는 모양이야.

일이 우선하면 금침 가지고 가겠다. 엄마가 남자라면 왜 너한테 이런 짐을 주겠니. 살겠다고 발버둥을 치다 이런 교통사고를 냈으니 불쌍하기만 하구나. 피해를 당한 사람은 지팡이를 짚고 다니는데 입원비가 자그마치 300만원이나 된단다. 보험금은 60만원인데 그 금액을 받으려고 하니 안 된다고 했단다. 그래서 상근이 외숙이 상의해서 90만원에 합의가 되는가 본데 그래도 30만원이 부족하니 30만원을 11.30일까지 지불하면 재판 없이 석방이 된단다.

만약 그 값을 치르지 않으면 1년 6개월간 징역을 산다고 하니 기가 막힐 뿐이구나. 그렇게 되면 호적에 붉은 줄이 올라가서 앞뒤가 막혀 못 쓰지 않겠니. 어제는 용한이, 외할머니, 정희 모두 면회를 갔었는데 삼촌이 울면서 애원을 하더란다. 그래 용한이가 '형 걱정하지 마시라'고 아무러면 우리 형제들이 그대로 두겠냐고 안심을 시켰단다. 그래서 외할아버지가 상의를 하시러 오셨더구나.

우리한테 10만원만 해주면 20만원은 힘써 보겠다고 하시니 어찌했으면 좋겠니. 집에는 아직 바심도 않고 말씀을 듣고 생각다 못해 너한테 편지를 띄운다. 열에 한 줌씩이라고 힘을 합해서 삼촌을 구해야지 그대로 놔둘 수는 없지 않겠니. 네가 힘이 있으면 편지 받고 바로 예산으로 전화를 하여라.

용한이가 3일날 서울에 간다고 했단다. 그러니까 용한이를 거기로 오라고 하던지 어디에서 만나기로 하여라. 11월 13일이 지나면 재판으로 들어간단다. 그러면 너한테 전하고 엄마는 이만 줄인다.

엄마가

올 적에 이불 홑청 뜯어 가지고 오너라

종익아

극심한 추위에 몸 건강한지 궁금하다. 보낸 편지는 잘 받았다. 그런데 사진이 너무 배경 위주라서 눈도 침침하고 희미하게 보이더라.

그리고 30일 올 적에 춥고 초행길에 너무 저물게 오지 않도록 하여라. 올 적에 이불 홑청 뜯어 가지고 오도록 하여라. 빨아 씌우게 말이야.

그럼 기다리며 이만 줄인다. 몸조심하거라.

음. 12.24.
엄마가

환갑이 지난 부모님이 차남인 종만(재현)이 결혼식 때
촬영한 사진이다.

전보

조부 위독 급래 이동춘
1974.5.8.

인장지덕(人長之德)이요,
목장지폐(木長之弊)란다

종익아 보아라

엄마는 그날 삼촌네 다녀서 무사히 집에 도착하였다. 와서 바로 아버지께 상의하여 편지를 띄운다는 게 혹시 네가 올까. 하고 기다렸었다. 아버지 생신은 잘 넘기고 오늘에서야 편지를 보낸다. 기다렸겠지?

염려 말고 순이한테 맞추도록 해. 다이아몬드가 20만원이면 최고란다. 그러니깐 물건만 속지 않게 순이한테 부탁하거라. 그리고 요즈음 금값이 하락해서 괜찮으니 목걸이 5돈만 하고, 시계는 네가 좀 보탤심 잡고 적당히 하여라.

집에서는 네 말대로 30만원 해주마. 지금 사회는 약혼식이 만의 한 집뿐이란다. 일류 갑부 은행장댁이나 행장 동생 전무댁도 얼마 전에 결혼식을 했는데 다이아몬드 하나 했데.

그런 집들 생각하면 우린 너무 하는 것 같다. 하지만 일생에 한 번이니까 그대로 하도록 하고 그쪽 편에 대해서는 아무 것도 안 해도 된단다. 그런 건 없데. 그러니까 너무 걱정하지 말고 맞추면 맞추었다는 편지나 하여라. 그러면 우리가 돈 마련해 가지고 가서 바로 하고 내려 올 테니. 그리 알고 부탁한다.

너를 아끼는 사장님께 너무 소홀하게 하지 말고 오해를 하지 말아라. 사람은 언제나 인장지덕(人長之德)이요 목장지폐(木長之弊)란다. 말하자면 사람은 큰 사람의 덕을 보고, 나무는 큰 나무 덕을 못 본단다.

너같이 착하게 하면 그분은 너를 더 올려다보신다. 절대로 함부로 하지 말아라. 네가 하도 복잡하니까 그렇겠지, 하지만 너도 생각해 보렴. 사람은 언제나 단단해야 한다. 남에게 잘하는 건 아무 쓸데 없어. 그때뿐이야. 명심해야 돼. 앞으로는 절대로 부질없는 일 엄금해.

그럼 순이한테 알아보기는 했니? 계약금은 일부라도 지불해야 될까? 안 해도 틀림없으니까 보증해. 그럼 편지 답장 꼭 해라. 부디 몸조심하고,

갈대 같은 마음 절대 버리고 대장부가 칼을 뽑았으면 그 칼을 꽂아야지 왜 두 갈래야.
엄마는 항시 못 믿어, 마음이 쩡~~

1976년 3월 2일
엄마가

종악 아 보아라—
엄마는 그날 삼촌네 다녀서 목사이
집에 도착 하였다
와서 바로아래지게 상회 하여 ○○○
데오 다르기 죽시 네가 못가 하고
○○○니 기다리다 아버지 생신은
잘넘기고 오늘사 편지 몯 받었다—
기다린지 엇에 말고 ○○니 한테 마추
오늘 해 아이가 20만에 이면 체르라
그런까 물건만 죽시 안케 ○○니 한테
○락 하거라— 그리 ○거음 은갑 하면 어
괜찬하니 ○거리 5호 마 하고 시게는
네가 좋으 탈 임 잡고 정양이 해 잘에서
그말 대로 3○만원 해주나— 지금 사 회
약호사에 반리 하나 빌이라 일유갑부
해장내— 행장친 우퍼돈 은사이 결혼결 해
아이 아 하나 ○대 그런 잡 돈을 생각 하○
우리○니라 하는 겟갗아 하지만 /생에 한번
이닌게— 그대로 하고 곳쟁 ○편 에 여 해서

또 아무갇은 안 해도 된대 그건건 업대
그런까 니어 걱정 맭고 마추며
마추원마는 ○편지나 해라 그러면
우리가 돈 해가지고 가서 바로 타고
네려 올에나 그러고 부탁 한다 네
사랑라도 사장댄게 너머 순으라 섬○
맭보대를 하지 마라— 사랑은 언재나—
인장지 돠은 뚝잔지 꽤 한다
사랑은 ○사랑 의 띵을 보아로 나루니
그나무 탐을 못 보안다 네가 터착하기
라면 그날로 너를 ○○○ 훈여 주 보낸○
잘대 찬부로 하지마 네가 하도 복잡하니가
그랬지 하지만 너로 생각 해 보려
사랑은 언재나 달아 라마다 한나 남에게)
장하는 거는 아무 쓸데 업시 때 ○
○니 너 ○갑산 해서다 ○○논 본질대로
○ 검해 그럼 촌이 한해 맣아 기로
○니 계약금은 알부 해 바덷가 안태로
돼니 넘산니가 건 검해 그럼 걸거돈
잘 꼬래라 ○의 몸조심 하고
감이 갇는 마는 질어을 버리고 대잔 부서
잘을 뽑아 쓰면 그말을 꼬려 하지 왜

지금 유신 시대 아니냐.
분수에 넘치는 것도 실수야

종익아 보아라

그간 몸 편히 잘 있었느냐. 그리고 전번에 보낸 편지는 받아보았는지 어째 답장이 없느냐. 궁금하여 또 편지를 보낸다.

상의한 것처럼 알아보라는 그 일은 잘 알아보았느냐? 어째 아무런 회답이 없느냐. 아니면 그간 무슨 변동이 생겼니? 모든 게 걱정이 되어 그런다. 어찌 됐든 아무 걱정하지 말고 물건이나 속지 않게 순이한테 꼭 부탁해서 편지 보내거라.

직접 상대하면 물건 속지 않고 120,000원이면 된다는 말도 있더라. 조금 부족 될까 하면 몇 만원 더 달라는 건 네가 할 심 잡고 잘 생각해서 하도록 하여라.

"지금 시대 유신 정치 아니냐." 믿음으로 표시하는 거다. 너무 분수에 넘치는 것도 실수야. 알맞게 조리 있게 하자는 대로만 해. 다이아몬드는 하나 하고 목걸이는 5돈, 시계는 여자용 5~6만 원이면 최고이니까. 네가 순이한테 상의해서 반지 목걸이 시계 모두 거기에서 하도록 하여라.

꼭 믿으니까 말이야. 다이아몬드는 까딱하면 속기 쉽단다. 그럼 숙이도 잘 있지? 편지 받고 바로 회답해. 그래야 좋은 날 받아서 알려주마. 그럼 몸조심하고 잘 있거라.

참 집안은 모두 편안들 하시다.

야, 3월 25일 텔레비전 대금 35,000원 때문에 걱정이다. 괜한 일 저질
렀나 보다.

1976년 3월 13일

엄마가

돈은 있으면 쓰니까.
어서 결정지어야 한갓지다

종익아

그간 아무 변고없이 잘 있었느냐. 숙이도 잘 있겠지. 이곳 집안도 모두 편안하시다. 그런데 어찌 답장도 없고 아무런 소식이 없느냐? 궁금하다. 그 일은 서울에 그 친구한테 부탁했니? 어찌 된 건지 소식을 줘야 이곳에서도 올라가지. 이곳 준비는 거의 됐고 그곳 소식만 오면 어느 일요일을 택해서 상경하겠다.

그러니까 4월까지 갈 거 없이 그 안에 할 예정이다. 돈은 있으면 쓰니까. 어서 결정지어야 한갓지다. 아버지께서 편지 띄우고 바로 상경하자고 하신다. 그러니까 네가 무슨 소식이 있어야 하지 않겠니.

그리고 물건을 속지 않게 미리 가격도 알아보고 잘 부탁해야만 될 거아니냐. 생각해서 4월 4일 일요일이니 그날로 하자. 이곳 준비는 송아지만 매매하면 되는 거야.

그럼 그날 하는 것으로 알고 편지하거라. 30만원 가지면 다이아몬드 20만원하고 목걸이 5돈 6만원, 시계 5만원 치면 조금 부족할 테니 그것은 네가 생각하고 다른 것은 생각하지 마라.

반지하면 거기에서 시계까지 다 하거라. 그리고 물건을 맞추고 값은 올라가서 지불 할까. 아니면 계약금을 주고 잔금을 남길까. 네가 알아서 소식 보내거라. 너 하자는 대로 하겠으니. 요령껏 해야 한다.

순이가 못 믿겠다면 계약을 좀 하도록 해. 아버지는 한 번 갔다 와서
할까 그러신다. 그럼 편지 받고 바로 답장하여라. 잘 있어라.
사장님 원망하지 말아라. 절대로…

엄마가 보낸다.
1976년 3월 19일

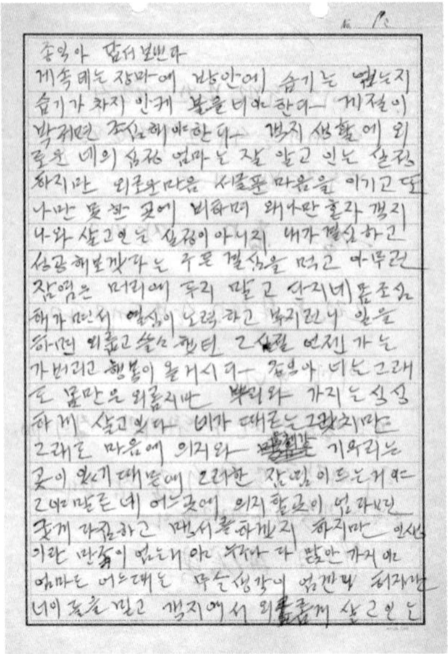

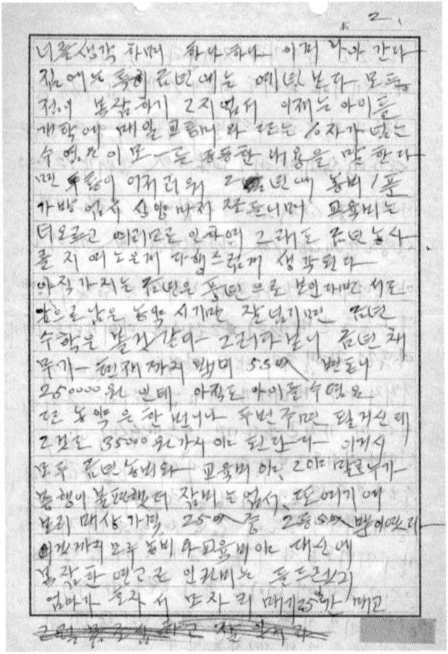

안 돌보면 하게 기다 지쳐 [...] 안 [...] 되 하나는
아들 셋이야 오래도 비를 사 10개 [...] 에 [...]
이렇게 [...] 대문에 [...] 일 [...] 안 하고
[...] 하다 만해도 [...] 앞배값 12000원
[...] [...] [...] 오면이 야 그램 [...]
[...] 받게 [...] 1개 [...] 정부의 1개 [...] 밖에는
안 만약에 그렇다 그래서 [...] 없이 [...]
[...] 안 [...] 그러 [...] 이제 [...] 네가
아무런 [...] 두지 말 [...] 왜냐하면 밤에 게
저희 [...] 게 [...] 이러한 [...]
노력만 가지고 있다 [...] [...] 없어
[...] 아 시고 [...] 네 밖 [...]
[...] 아 있소 [...] [...] 넘기 [...]
[...] [...] [...] 온 네 [...]
같이 지내도록 하며 [...] 엄마 [...] [...]
그리고 [...] 에 너의 [...] 같이 [...]
[...] 에 [...] 아 [...] [...]
[...] [...] [...]

x.

너의 둘 [...] 보낸 편지
[...] 시두 헌제 보낸 편지
[...] 잘 받았다

[...] 高사도 잘 바고

그럼 8月 4日 상봉 해로라
이만 안다

[...] 상은 대 반 아 [...] [...] 침 이리고
[...] 사랑지 도 해 [...] 잘 [...]
오늘도 계속 비가 내리고 [...]

8月 2日   母 씀書

성공해보겠다는 굳은 각오로
일해야 한다

종익 답서 보낸다.

계속되는 장마에 방안에 습기는 없는지, 여름엔 습기가 찰 수 있으니 방안에 불을 지펴야 한다. 또 계절이 바뀌면 조심해야 한다. 객지 생활에 외로운 너의 심정 엄마는 잘 알고 있다.

그러나 외로운 마음 서글픈 마음을 삭여야 하느니라. 왜 나만 혼자 객지 생활을 하고 있나. 이런 잡념은 갖지 말고 결심해서 성공해보겠다는 굳은 마음으로 살아가야 한다. 부지런하게 일을 하면 외롭고 쓸쓸했던 그 시절이 지나가고 행복이 올 것이다.

종익아, 그래도 너의 몸은 외롭지만 뿌리와 가지는 싱싱하게 살아있다. 네가 일시적으로 외로움을 느낄 수 있겠지만 만약 아무도 의지할 곳이 없다면 스스로 굳게 다짐하고 맹세를 하게 될 것이다.

인생이란 만족이 없는 거란다. 세상 사람들은 저마다 다른 생각을 하고 있고 엄마도 어느 때는 무슨 생각이 없겠니. 하지만 너희들을 믿고 객지에서 외롭게 살고 있는 너를 생각하며 하루하루 나아가고 있다.

집에는 모든 점이 복잡하기 그지없다. 어제는 아이들 개학에 매일같이 교통비와 십만이 넘는 비용이 기다리고 있어 어지럽기 그지없다. 농비도 한 푼 가망 없고 식량마저 부족하게 생겼다. 교육비는 더 오르고 여러모로 어렵겠지만 그러나 금년 농사를 지을 수 있는 게 다행으로 생각한다.

아직 금년 농사는 풍년으로 본다마는 앞으로 남은 농약 시기만 잘 넘기면 금년 수확은 볼 것 같다. 그러다 보니 금년 채무가 현재까지 백미 55가마니 변돈이 250,000원인데 아직도 아이들 수업료 농약도 한 번에서 두 번을 더 줘야 해서 그것도 35,000원이 된다. 이것이 모두 금년 농비와 교육비야. 그야말로 누가 무슨 일이 생긴다면 꼼짝없이 당하는 수밖에 없는 실정이다. 또 여기에 보리 매상 가격 25가마니 중 2등 5가마니뿐이었다. 이것까지 모두 농비와 교육비야. 그나마 복잡한 대신 인건비는 덜 들겠지. 엄마가 혼자서 25일간 못자리 매고 뜬모해서 지저분한 인건비는 한 푼도 안 드는 셈이다.

그래도 비료 10포를 조합에서 외상으로 가져왔다. 이렇게 일을 했기 때문에 금년에는 일꾼을 안 둬도 되었다. 만약 일꾼을 뒀다면 식대만 해도 쌀(白米) 5가마니 담배값 12,000원하면 쌀(白米) 18가마니는 절약한 셈이다. 그랬으니 식량은 남의 쌀 한 가마니 얻고 정부미 한 가마니밖에 안 먹었다. 올해는 보리쌀은 안 먹었고 식량 걱정은 안 했다.

그러니까 이제부터는 네가 아무 걱정하지 말고 노력하면 된다. 남에게 굽히지 않고 견디어 나가면 이러한 긍지와 노력만 있다면 웃으면서 살 수 있어. 너무나 아쉽고 복잡할 때는 네 원망도 가끔 했었다.

종익아, 7~8년 동안 네 생일도 우습게 넘기고 마음으로만 생각했는데 금년에는 네 처와 함께 지내도록 하여라. 엄마는 마음뿐이야. 그리고 추석에는 너희 둘이 같이 오도록 하여라. 어서 예를 갖추어야 고생을 면할 텐데 이 모두가 걱정을 면치 못하겠구나.

그리고 너희들 두 번 보낸 편지 잘 받았다. 또 저희끼리 시누이한테 보낸 편지도 모두 잘 받았다. 일금 만원도 잘 받았고, 그럼 8월 14일 상봉하기로 하고 이만 안녕…

보고 싶을 때는 당장 뛰어가고 싶었지만 모두 허락지 않아 꾹 참았다. 오늘도 계속 비가 내리고 있다.

1976년 8월 27일 母 答書

No. 동생

복잡한 정권에 길을 움기고 얼덕게
계산이 스러스늘지 너의 일마 생각지
말고 이곳도좀 생각해 보아라—
네가 왔는대 가부를 결정하려 안고 학실한
학답은 빈 산지 안니 그런데도 이사를 하으면
무슨 책하 회가 있어야지 이곳은 아직도
계가 막키지 안고 맘성중 이라—
여하튼 무슨 소식이 있어야 되지 안켓니
때 젼을 속아 왔죠 나 머리 네
무슨 갑을 맡고 할수기— 없 하고 걱정 만
하익고 너의 편만 오기 기다리으—
그러니 빨리좀 소식 보내 다우
주소가 없시 나며시 쓴건거 받는잔고
순주소가 없어야 어머니 생신대
간나는 했드니 어데 가빈니
주소를 알아 다기 이 편지도 증억이 려러
견에 보낸다— 동별대는 생각 안코
순연스러며 생각 하지 말고 언제나—
머리에 더두어라 너반해 든 숨늘 건만
갑다 하또 마듬이 업시여 말이여—

돈 벌 때는 생각 안 하고
돈 없을 때만 생각하지 말고…

동생!
복잡한 형편에 집을 옮기고 어떻게 살았니. 그리고 너희 일만 생각하지 말고 이곳도 생각해 보아라.

네가 왔을 때 가부를 결정하지 않고 확실한 대답이 없지 않았니. 그런데도 이사를 했으면 무슨 소식이 있어야지 이곳은 아직도 계가 돌지 않고 말썽중이다.

아무튼 무슨 소식이라도 있어야 하지 않겠니. 매형은 속아 왔던 나머지 무슨 일을 믿고 할 수가 없다고 걱정만 하시고 네 편지 오기만 기다린단다.

그러니 빨리 소식 보내다오. 주소가 없어 나 역시 편지를 못 했고 또 주소가 있어야 어머니 생신 때 가게 될 것이다.

이 편지 종익이 편에 보낸다.
돈 벌 때는 생각 안 하고 돈 없을 때만 생각하지 말고 언제나 머리에 두어라.
너한테 또 속는 것만 같다. 하도 믿음이 없어서 말이야.
편지 좀 빨리 해.

1975 12. 15.

잘 지도(指導)하기 바란다

종익(鍾益)에게 보낸다.

그동안 객지(客地)에서 무고(無故)하였느냐. 그리고 일전(日前)에 전화로 말한 공녀(工女) 채용(採用) 건에 대하여 특히 부탁(付託)하니 잘 좀 지도(指導)하기 바란다.

지금 서신(書信)으로 부탁하는 분은 바로 나의 막내 동생(同生)이고 네 모친(母親)의 고모(姑母)이시다. 너에게로 따지면 외가로 고모할머니가 되는 분이다. 너의 모친이 어릴 때는 물론 한 방에서 자랐고 늘 업고 다니고 했느니라.

그의 딸인 순은 고향(故鄕)인 익산(益山)에서 여중(女中)을 졸업(卒業)하고 가사(家事)에 종사중(從事中) 공업(工業)에 취미(趣味)가 있어 나의 소개로 신례원(新禮院) 공장(工場)에 반년간(半年間) 취업(就業) 중(中)이든 바, 천만의외(千萬意外)로 동조(同朝)인 한 여공(女功)의 잘못으로 기계(機械)를 파손(破損)한 관계(關係)로 그 조 모두 해직(解職)을 당했다고 한다.

이 순이는 천성(天城)이 순진(順進)하고 물욕(物慾)이 없고 양순(良順)하여 공장(工場) 일을 잘할 터이니 그 쯤 알고 보살펴 주기 바란다.

이 서신(書信)을 가지고 가는 고모할머니는 대농(大農)이고 그 외 차자(次子) 중이는 년전(年前)에 예산농업학교(禮山農業學校)를 졸업

(卒業)했느니라. 신암(新岩) 너의 집에도 왕래(往來)하였다.
그럼 이만 그친다.

1977.1.18.

외조부(外祖父) 서(書)한다

鐘燁에게 寄書한다

謹問 日來에

客地에서 汝의 身上이 健康하며 經營事
도 如意 進展되는지 祝和한다

此地는 依舊하다   於而 다름안이라
哲漢이가 五日中毒에서 除隊하고
故家하여 있는바 就業場所가 如意
치 못하여 생각다 못하여 汝에게 付
託하니 多事中에 未安하다 만 就業
場所를 幹旋하여주기 바라고 있다
文書局에는 多年 經驗이 있으니가 재종
周旋하여주기 再三 付託한다
今月中 一次 訪問코저 한다 餘不具上
　　　77. 6. 13
　　　　　　外祖父 書한다

　　回答要望한다

문서면(文書面)에는 경력이 있으니까
잘하리라 본다

鍾益에게 서(書)한다

그간 별일 없느냐?

객지(客地)에서 여(汝)의 신상(身上)이 건강(健康)하며 하는 사업도 (經營之事)도 여의(如意) 진전(進展)되는 지 축원(祝願)한다.

이곳은 모두 별일 없다. 다름 아니라 한(漢)이가 군에서 제대(除隊)하고 귀가(歸家)하여 있는 바 취업장소(就業場所)가 여의(如意)치 못하여 생각다 못해 너에게 부탁(付託)하니 바쁜데(多事中) 미안(未安)하다만, 취업장소(就業場所)를 알선(斡旋)하여 주기 바라고 있다.

문서면(文書面)에는 다년간(多年間) 경력이 있으니까 잘 좀 주선(周旋)하기 재삼부탁(再三付託)한다.

금월중(今月中) 일차 방문(一次 訪問)코자 한다.

1977.6.13
외조부(外祖父) 서(書)한다
회답요망(回答要望)한다.

經前

留春之節에 諸勝에 茂實 하오며 김○빨 빴느의.

敎響이 앉은 姪의 명머디억으로 別敎 앉다.

日前에 軆○에서 판〇〇 갈련 모양이오

普地費換證다. 親入告知書가 걸으로 우쩍

하냈고 親入告知書 金額이 一金 44,7○○원으로

通告가 나았어 연라 姪이 생각 하였든

바와 별다더가 앉느의.

告知通告을 니어 가까운 銀行이나 우체극에 납임

되라라 가저 하였는데. 시오내은 姪이 생각과 갔는데

남어 하더라 앉겄 갔은.

더러한 親入告知書가 영다 리어 本家에

오적 되었다는 것을 喜曲으로 전라오어

그러 냈고 있기을.

육기고으러 꽃하며 의밥에ㅇ 우꺼이 우련 만련 뇌어

앉느지 타번에서 갑건감리 오어라하을 빤며.

이라 흠비.

1976. 4. 21.

漱 啓

예산세무서에서 한 일은 잘 된 모양이군!

조카에게(姪前)

양춘지절(陽春地節)에 근무(勤務)에 성실(成實)하오며 그간 별고 없는지? 고향(故鄕)인 이곳은 조카(姪)의 염려 지덕으로 별고(別故) 없군.

일전(日前)에 예산(禮山) 세무서에서 한 일은 잘된 모양이군. 농지양도증(農地賣渡證)과 납입고지서(納入告知書)가 집에 도착하였군. 납입고지서(納入告知書) 금액(金額)이 일금(一金)66,750원으로 통지가 나왔으니 먼저 조카(姪)의 생각하였든 바와 별 차이가 없는지.

고지통고(告知通告)를 보면 가까운 은행(銀行)이나 우체국에 납입하라고 하였으니 시일 내로 조카(姪)의 생각과 같으면 납부하여야 될 것 같군.

여하간 납입고지서(納入告知書)가 발부되어 본가(本家)에 도착하였다는 것을 서신(書信)으로 전하오니 그리 알고 있기를…

일기 고르지 못하여 지방에는 독감이 유행하고 있으니 타관에서 몸건강히 근무하기를 빌며 이하 불비.

1975. 4. 21.

숙부(叔父) 발

제2편

1973년~1977년

· 이종인

50년 전 시골의 여고생은 어떻게 생활했는지 이해
할 수 있다. 농촌의 쪼들리는 경제 사정에 그들은
무엇을 생각했고 무엇을 희망했는지…

엄마는 잠을 못 주무십니다

오빠 전 상서

오빠 편지 잘 받아 보았습니다. 무소식이 희소식이란 말이 있지요.
전번에 편지 못 띄운 것은 미안합니다.

엄마는 매일 오빠 걱정을 하셨는데 오늘에야 편지가 들어왔군요. 요
사이 엄마는 무좀이 심하고 머리가 아프다며 저녁에는 깊은 잠을 못
주무시고 새벽에 일어나시곤 합니다.

이번 24일 할머니 생신 때 간양리 고모가 오셨는데 약 뿌리 이름을
알려주고 가셨지요. 그 약 뿌리는 고모네 앞산에 많다고 하더군요.

그래서 이번 주 토요일 약 뿌리를 캐러 가려고 합니다. 그 약 뿌리로
기름을 짜서 잡수시면 머리가 낫는다고 하더군요. 그래서 제가 갈려
고 하지요.

우리 집 벼농사는 매미충제가 먹어서 형편없는데 그나마 작년보다
잘 지었나 봅니다. 원장 벼는 베어서 논에 두고 온 것도 있고 집으로
실어다 놓은 것도 있지요. 얼마 있으면 타작을 할 것 같습니다.

그리고 영태 오빠한테도 편지를 써서 붙였습니다. 곧 회신이 오겠지
요. 영태 오빠 주소와 외삼촌 댁 약도도 들어 있습니다.
그럼 이만 줄이겠습니다.
안녕히 계십시오.

영태 오빠 주소(뒷장): 서울특별시 영등포구 가리봉동 140-13호 10통 5반 진흥상회 1호 김영태

1973.9.25.
종인

오빠 김상덕
　답서가 늦어 죄송 합니다
일에 쫓들리다 보니 지금 에서야 멫자
그려 봅니다
　　오나이 몸 건강히 잘 게시리요
날씨가 변경이 되어서 아침 저녁으로는
옵지 선선 하리요
　엄마는 몸좀 맞추 있고 추위에 갈리대 랍니다
　　그리고 오나이는 벼 베기에 일손이 바쁘게
돌아가고 있는 반편 집에서는 농비 문제에
매우 걱정을 하고 있읍니다
　　그리고 담배 밑 할머니에 변돈 좀 속히 보내
달라고 합니다 정 안되면 얼마라도 보내
달랍니다 이자가 거의 8,000 언이 됫답니다
　　엄마는 매일 변돈 때문에 걱정을 하고 게도
때문에도 걱정을 하지 라요
아우른 봉순 나오면은 조금이라도 보내 주십시요
　　그리고 외상촌에 소식을 알면은 속히 보내 주세오
할 하나 빠뜨릴번 했군요.
　작은 아바지가 저번 9월날 오셨는데
가상은 매우 좋아 졌어요
　　그럼 이만 줄이 게읍니다
　　　　　　西紀197 3 年 10月 17日

엄마는 변돈(이자를 무는 빚)때문에 걱정을 하시지요

오빠 전 상서

답서가 늦어 죄송합니다. 일에 쪼들리다 보니 지금에서야 몇 자 그려 봅니다. 몸 건강히 잘 계신지요. 날씨가 아침저녁으로 선선합니다.

엄마는 옷도 좀 맞춰 입고 추위에 잘 지내랍니다. 요사이는 벼 베기에 일손이 부족하고 농비 문제로 걱정을 하고 있습니다.

그리고 담배집 할머니네 변돈 좀 속히 보내달라고 합니다. 정 안되면 이자라도 보내달라고 합니다. 이자가 거의 8,000원 이나 된답니다. 엄마는 매일 변돈과 계돈 때문에 걱정을 하시지요.

아무튼 봉급 나오면 조금이라도 보내 주십시오. 그리고 외삼촌네 소식을 알면 속히 보내주세요. 작은아버지가 저번 9일날 오셨는데 기상은 매우 좋아졌어요.
그럼 이만 줄이겠습니다.

973.10.17.
종인

몸 건강히 잘 계세요.

오빠 전상서.

오빠. 그동안 몸 건강히 잘 계였는 리요.

요즘은 오빠의 소식을 몰라서 몽아는 매일

편지만 기다리고 있었리요. 몽아도 편지는

한다만 일이 바빠서 편지을 못하고 있습니다.

그리 요즘 집에서는 탐곡가을 가리고 완성

동네에서 3~4일은 될었다 봅니다.

밤 둥기는 일꾼이 보고 여래는 사람은 두명만

얻어서 멀리운 사람하고 같이 4명이

댔다 봅니다. 두명은 은라 아버지와 정년

아버지 둘을 얻었리요. 그래서 먼섯은 두사람이

있기 때문에 됫일 같은것은 그 두사람이 하리요.

그리고 우리집에서는 겨음 변을 잃어 나고 있습니다.

조음만 있으면 타작을 하리고 함니다.

그리고 오빠 이 붙이는 음 추은 날씨에

와이셔츠하고 같이 있으라고 몽아가

나 오셨 답니다. 그리고 오빠 치가 쓸이

땅아 가리고 집에서는 타리 못하 것는데.

오빠가 1,000 만 붙어 주답 시요.

실은 랙을 사려고 함니다.

그럼 오빠 이만 줄이 갰습니다.

안녕히 계답시요.

동생 종연 올림

西紀1973 年 11 月 1 日

집에서는 돈 애기를 못 하겠으니
1,000원만 보내 주십시오

오빠 전 상서

오빠, 그동안 몸 건강히 잘 계셨는지요.

요즘 엄마는 오빠의 소식을 몰라서 연일 편지만 기다리고 있지요. 엄마도 편지를 한다고 했는데 일이 바빠서 편지를 못 하고 있답니다.

요즘 탈곡기를 가지고 원성골에서 3~4일 일했나 봅니다. 발동기는 일꾼이 보고 벼를 대는 사람은 두 명만 얻어서 먼저 온 사람과 네 명이 했다 합니다.

두 명은 은재 아버지와 정선 아버지 둘을 얻었지요. 그래서 먼저 온 두 사람이 있기 때문에 뒷일은 두 사람이 한다고 합니다.

우리 집은 벼를 실어 나르고 있습니다. 며칠 있으면 타작을 하려고 합니다. 그리고 오빠 이 옷은 엄마가 추운 날씨에 입으라고 셔츠하고 사 오셨습니다.

오빠 제가 쓸 곳은 많은데 집에서는 돈 애기를 못 하겠으니 1,000원만 부쳐 주십시오. 실은 책을 사려고 합니다.

그럼 오빠 이만 줄이겠습니다.

안녕히 계십시오.

1973.11.1.

동생 종인 드림

보내준 돈은 잘 받았고 낭비 없이 썼습니다

오빠 전 상서

답서가 늦어 미안합니다. 오빠가 보내준 편지와 돈은 잘 받았고 낭비 없이 잘 썼습니다. 그 편지를 읽으면서 저는 기뻐서 어쩔 줄 몰랐지요. 그리고 우리 집은 추수도 완전히 끝나고 지붕도 다 해 일었습니다. 이제 김장만 하면 됩니다.

제가 종이 오빠한테 가보니까. 17~18세 되는 아이들은 데려다가 구슬백을 만들고 있더군요. 아무튼 구슬백을 만드는데 잘 운영되나 봅니다. 이러고 보니 쓸 말이 없군요.

안녕히 계십시오.

1973.11.16.
종인

오빠! 어려우셔도 삼국지는 꼭 보내 주십시오

오빠 전

그동안 안녕하셨어요? 물론 집안도 다 무고하시지요.

다름이 아니라 하나 부탁이 있는데 들어 주시려는지요.

지금 막 책을 보고 있는데 갑자기 삼국지가 보고 싶어서 그러는데 오빠한테 부담이 가실지 모르겠습니다만 삼국지 좀 보내주셨으면 좋겠습니다. 학교에서 삼국지를 읽어보라고 거듭 강조하였지요.

삼국지를 사기에는 돈이 좀 들어갈 것 같습니다. 요사이 오빠도 돈이 모자라는 것을 알면서도 이렇게 체면 없이 몇 자 적어봅니다.

참 저번 21일 외삼촌이 오셨더군요. 하루 주무시고 22일 가셨는데 외삼촌도 엄마가 너무 걱정하시니까 돈 때문에 오셨던 거 같습니다.

오빠! 어려우셔도 삼국지만은 꼭 보내 주십시오. 안녕히

동생

1973. 11. 26.

오빠 전

오빠 그동안 안녕하셨어요?
물론 건강은 다 우리 하더라구요.
다름이 아니고 하나 부탁이 있는데
들어 주실려는 거요?
지금 막 책을 보고 있는데 갑자기 상록수가
보고 싶어서 그러는데.
오빠 한테는 부탁이 가실지 모르겠읍니다만 안
상록수 좀 보내주었으면 좋겠읍니다.
그래 학교에서도 상록수를 읽어 버려
다름 강조도 하더라구요.
상록수를 사기에는 돈이 좀 들어 갈것 같읍니다
오빠이 오빠 돈이 모자라는 것을 알면서
이렇게 체면없이 몇자 적어 보내요.
그리고 참 이번 지일날 외삼촌이
오셨러 군요.
우리 하루저녁 주무시고 그 이튿날 가셨는데
삼촌도 엄마가 나무도 걱정을 하더니가
돈 때문에 오셨던 것 같읍니다.
오빠 어려우셔도 상록수 책은 꼭
보내 주십시요.
　　　안녕히
　　　　　동생.

오빠 전

보내준 노트와 카드 잘받아 보았읍니다.
우럭이나 오빠의 연락을 기다렸지요.
엄마도 우럭이나 기다리고요.
그리고 집에서는 원장 논값 때문에 아버지는
매일 싫대 없이 예산에 다니고 있지요.
그래서 농협에서 돈을 얻고 보관증을
얻어서 논값은 거의 완성되였답니다.
그리고 오빠
삼국지는 어떻게 되였는지요.
아직 구하기를 못하였나 보죠.
저도 요사이 오빠가 우럭이나 고달 프고
복잡한지 저도 알고 있읍니다.
년말이 되여서 그렇겠지요.
그럼 오빠 내내 편안 하실길 빌며
이만 줄이 겠읍니다 ─ 안녕히 ─
                          73.12.2

아버지는 매일 논값 때문에 읍내에 가시지요

오빠 전

보내준 노트와 카드 잘 받았습니다.

무척이나 오빠 편지를 기다렸지요. 엄마도 무척이나 기다렸구요.

집에서는 원장 논값 때문에 아버지는 매일 예산에 다니고 있지요.

농협에서 돈을 얻고 보관증을 가지고 논값은 거의 완불이 되었답니다.

그런데 오빠, 삼국지는 어떻게 되었는지요. 아직 구하지를 못하셨나

보지요. 저도 요사이 오빠가 무척이나 고달프고 복잡한지 알고 있습

니다. 연말이 되어서 더 그렇겠지요.

그럼 오빠 내내 편안하시길 빌며 이만 줄이겠습니다.

안녕히…

1973. 12. 28.

종인

오빠 읽어 보세요

오빠 그동안 안녕 하십니까
요즘 편지 옷드리어 죄송합니다
이 편지 드리는 것은 다름이 아니라
84이 보충수업이다 학원에 다니고 하니까
옷도 필요하긴한 참고서 책도 사야 될것
같읍니다.
그래서 책값을 따져보니 너무나 많은 돈이
들어 걱정 같습니다.
84이는 원은값이 올라서 미국간약 책 1권은
1,000 원이 넘더라요
엄마한테도 말은 드렸지만 오빠가 빨리
원건감사서 두서 몇이 써 나아가지요.
오빠 다는 옷드리드래도 점버만도 보내 주십시오.
그리고 84이 치도 어린 것이에 나가서
저녁 9시에 집에 들어오지요.
그렇게 라도 돌아오면 재면비누 처고해서
아무것도 라지 못하지요.
그리고 아버지도 돈내 쓴베는 하는라고
항상 바쁜 시간요.

리번에 일경 23살 광주내려가는데 일은
참 힘들니다.
1년 세경은 12 가마 래요.

2월 84이 독감이 주의 하세)
돈한 하시길 빌며 이만줄이 갯습니다
안녕히 게심시오.
           76. 3. 24.

항 84이 상희와 동생들도 잘돌고 있웁니다.

용돈도 필요하지만 참고서도 구해야
할 것 같습니다

오빠 읽어보세요.

오빠 그동안 안녕하십니까. 요즈음 편지 못 드려 죄송합니다. 편지의 뜻은 다름이 아니라 요사이 보충수업과 학원에 다니려고 하니까. 용돈도 필요하지만 참고서도 구입해야 될 것 같습니다.

그래서 책값을 따져보니 너무 많은 돈이 들 것 같습니다. 요사이는 펄프값이 올라서 어지간한 책은 한 권에 1,000원이 넘더군요.

엄마한테도 말씀을 드렸지만 오빠가 빨리 될 것 같아서 두서없이 써 나가지요. 오빠 다는 못 되더라도 조금이라도 보태주십시오.

저는 요새 아침 7시에 나가서 저녁 9시에 들어옵니다. 그렇게 하고 들어오면 저녁에는 피곤해서 아무 일도 못 하지요.

아버지도 농번기라서 바쁘시고요. 저번에 일꾼 23세 되셨다는 분을 두었는데 일은 잘 한 답니다. 1년 새경은 12가마랍니다.

그럼 독감 주의하시고 편안하시길 빌며 이만 줄이겠습니다.
안녕히 계십시오.

1974.3.24.
참, 상근이와 동생들도 잘 놀고 있습니다.

5만원만 보내지 말고 저희 용돈도
보내 주십시오

오빠 전 상서

무사히 도착하셨는지요? 할아버지의 상망차림과 모든 것은 완전히
끝냈지요. 앞으로 남은 일은 모내기와 일손이 바쁘게 되겠지요.

그리고 저번 18일 오준우 씨가 할아버지 부의금으로 1만원을 보내셨
더군요. 24일 날은 김준회 씨가 5,000원을 보냈고요. 그래서 24일까
지 합한 부의금은 15만원이지요.

출금은 포값이 133,200원, 술값이 120통(1통 600원) 기타 비용이 약
15만원이지요. 입금에는 부의금 12만원, 계미 22 가마니, 술(酒)도 몇
사람이 들어왔지만 부의금에 넣었지요. 그리고 작은아버지가 돼지
한 마리, 계미 2가마니 2말, 술이 20통 등 약 5만원 되지요. 그래서 총
비용은 35만원이고 부의금과 입금은 45만원입니다.

그중에 35만원은 지불했고 10만원 남은 돈은 외삼촌네 빚, 조합에서
가져온 돈을 상환한답니다.

그리고 오빠가 모내기에 쓸 돈 5만원만 보내 달랍니다. 엄마는 항상
걱정을 하고 있습니다. 모내기에 쓸 돈과 학비 등 기타 비용 때문이
지요.

아버지는 이달 31일 군청 직원들과 설악산으로 여행을 간다고 합니
다. 80명이 가는데 1인당 1만원 씩 낸다고 합니다. 여행 일정은 2박 3
일이구요.

외삼촌한테도 편지를 했는데 소식이 없군요. 지난번 오빠가 가실 때 전보는 쳤는지요? 엄마는 모든 걸 궁금히 여긴답니다.

그럼 오빠 모내기와 농번기에 사용할 돈 꼭 보내 주시기 바라고 이만 펜을 놓겠습니다.
안녕히 계십시오.

1974.5.26.
※오빠 꼭 5만원만 보내지 말고 저희들 용돈도 좀 보내주십시오.

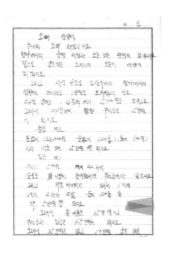
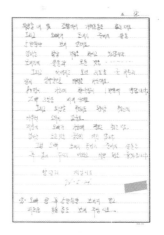

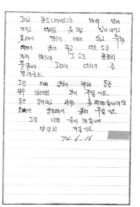

수학여행 갈 때 쓰려고 하니 여행비 저축금 부탁합니다

오빠 전

오빠 그동안 안녕하셨는지요.

다름이 아니라 삼국지 책 좀 보내 주시고요. 돈 좀 보내 달라고요.

가을에 수학여행 갈 때 쓸 돈을 지금부터 저금해 놓았다가 쓰려고 합니다. 엄마께 말씀을 드리니까. 오빠에게 부탁하라고 하셔서 편지를 쓰고 있습니다.

지금 예정으로는 1만원쯤 예정하고 있더군요. 그래서 앞으로 여름 방학은 빼놓고 남은 석달 간 2,000원 씩이라도 저금하라고 하는데 제 생각에도 그것이 나을 것 같더군요.

엄마는 그때 가서 한 번에 주신다고 하지만 그때 사정을 어떻게 될지 모르니까요. 우리 여행 목적지는 설악산 제주도, 한려수도 세 곳을 예정하고 있는데 설악산으로 가기가 쉬울 것 같더군요.

아무튼 조금씩이라도 저금을 해 놓았다가 그때 가지고 가는 것이 좋을 것 같지요. 그때 가서 20,000만원을 한꺼번에 하려면 부담도 커지고 또 그때 가면 3기분 수업료도 낼 때가 되거든요.

그래서 학교에서도 그때 가면 부담이 커지니까 한 달에 2천원 씩이라도 저금하면 석 달이면 6천원이 되니까. 그렇게 하는 것이 좋을 것 같습니다. 만약 오빠가 가외로 돈을 더 보내 주신다면 더욱 좋고요.

요즘 집에서는 논일과 밭일 때문에 무척이나 바쁘지요. 내일부터 17,18,19. 사흘 후에는 모내기를 한다고 합니다. 일꾼은 몇 명 되지 않는다고 합니다. 그래서 엄마는 매일 아침 다니면서 일꾼을 맞추고 있지요.

그리고 큰 소(어미소)는 빼짝 말라서 다리도 못 펴고 일어나지도 못해서 경운기에 싣고 축협에 반납하고 다른 소를 가져왔는데 그 소는 굉장히 좋습니다. 그런데 다리를 좀 절더 군요.

그럼 오빠 삼국지와 돈 좀 보내 주십시오. 돈은 얼마라고 말하지는 못하겠습니다만 오빠가 생각해서 부쳐 주십시오.

그럼 이만 줄이겠습니다. 안녕히 계십시오.

1974.6.16.

종인

삼국지 미도착입니다

오빠 전 상서
오빠 편지 잘 받아 보았습니다.
그런데 삼국지와 편지는 받아 보지도 못했습니다. 요새는 아무 곳에
서도 편지가 오지 않았답니다. 하도 편지가 오지 않아서 오빠한테 편
지를 써 보았지요.

그런데 오빠!
편지와 삼국지를 언제 보냈는지요.
이 편지 받는 즉시 보낸 것입니다. 그럼 오빠 잘 조사하여 보십시오.
안녕히 계십시오.

1974년 7월 3일 밤
다음 또 전하기로 하지요. 지금은 시간이 없어서요.

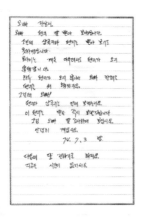

마을이 물바다여서 피난 간 집도 있어요

오빠 전

오빠! 편지 잘 받아보았지요.

다름이 아니라 이번 13일경 이불과 요를 부친답니다. 엄마가 가지고 올라가려고 했는데 요사이 물난리 때문에 못 가게 되었지요.

비가 너무 와서 물이 고인데다 예당저수지 수문 26개를 다 열어서 논인지 갯벌인지 분간도 못 합니다.

다른 마을은 온통 물바다여서 피난을 간 집도 있곤 하지요. 지금도 원장, 장관, 시논은 물이 차서 하얗지요.

그러니까 수리조합 위에까지 물이 하얗게 보입니다. 꼭 바다만 같더군요. 종경리 탄중리 앞에는 말할 것도 없고요. 오죽하면 길이 막혀 오가로 돌아가곤 했습니다.

그리고 오빠,

삼국지 보낸 것은 중간에서 어떻게 되었는지 아직 도착하지 않는군요. 오다가 중간에 분실되었나 봅니다. 분실 여부 조사는 해 보셨는지요. 아무튼 조사를 잘 해 보십시오.

엄마는 그 책 분실 때문에 많은 걱정을 하고 계십니다.

그럼 오빠, 장마철에 몸 건강히 안녕히 계십시오.

1974년 7월 10일

종인

결핵에 걸려 병원에 입원했답니다

오빠에게

그동안 안녕하셨는지요.

초가을에 들어선 요즘은 무척이나 쌀쌀하군요. 오빠께서는 몸 건강하신지요. 이곳 예산은 일본 뇌염이 발생했고 합덕은 장티푸스가 유행이랍니다.

어제(12일)는 외삼촌과 상근이가 다녀갔습니다. 얼굴이 무척 틀렸더군요. 6월부터 8월까지 교통사고가 났고 상근이와 상명이 때문에 걱정을 하더군요. 상근이 상명이 둘 다 결핵에 걸려 병원에 입원했다 10일 만에 퇴원했답니다. 다행히 초기라서 약을 먹으면 곧 나을 것이라고 하더군요.

결핵인지도 몰랐는데 상근이가 갑자기 대변을 보다가 새파랗게 질리면서 뒤로 자빠지더래요. 그래서 여러 병원에 다니다 안돼서 서울대 병원에서 검사하니까 뇌막염은 아니라고 하더래요.

그래서 상명이도 엑스레이를 찍었더니 같은 병이라서 계속 약을 먹고 있답니다. 결핵균이 뇌까지 전이되지 않은 것이 다행이라고 하더군요.

외삼촌네 집은 다른 곳으로 이사하고 임시로 막내 이모네 집에 있답니다. 집이 산속에 있어서 수돗물도 안 먹고 산에서 나오는 물을 마시는 데 안 좋다고 하더군요. 공기도 맑고 다른 건 좋은데 단점은 짐승을 키우는 곳이라 냄새가 심하다고 합니다.

이번 오빠 생신 때 엄마께서 가신다고 합니다. 그럼 다음에 또 쓰기로 하고 이만 줄입니다.
안녕히 계십시오.

1974년 9월 13일
종인

엄마는 병원에 입원하신답니다

오빠에게

그동안 안녕하셨는지요. 편지가 늦은 것 같군요. 저 역시 수학여행 잘 다녀왔습니다.

그런데 어찌 된 일인지 제가 출발한 4일 날부터 아팠던 엄마가 아직도 낫지 않고 있답니다.

몸살 같아서 몸살약도 잡수시고 첩약도 잡수셔 봤는데 몸만 조금 낫고 머리는 안 나아서 어제 15일엔 돈 10,000원을 꾸어서 예산 박외과 병원에서 진단해 본 결과 몸살감기와 신경쇠약이라 하더래요.

그래서 오늘은 경과를 봐가며 병원에 입원하느냐. 아니면 다른 조치를 한다고 하시더군요. 잠자리와 식사 문제는 오리동 외할아버지댁에서 하신답니다.

오늘은 일꾼 5명을 데리고 시논의 벼를 베고 어제는 2명을 얻어 장관논과 사가사리의 벼를 묶었습니다. 벼가 어찌 그리 죽었는지 다른 해에 비해 삼분의 일밖에 못 먹을 거 같다고 하시더군요.

엄마는 아프시면서도 빚에 대하여 걱정을 하시고 계신답니다. 총 합한 빚이 100가마니가 넘는다고 합니다. 그래서 어떻게 해야 할지를 모르겠다고 하십니다. 그럼 이만 줄이고 다음에 또 쓰기로 하지요.
안녕히 계십시오.

1974년 10월 16일
종인

재 현

두통의 편지 잘 받아 보았다.

그런데 답장이 좀 늦은것 같구나.

요사이 집안은 너무도 쓸쓸 하단다.

오늘도 엄마는 종란이와 같이 외할머니

생신이 내일이라서 대전에 가셨지.

집에 남아 있는 식구는 네식구 밖에 없어.

아버지는 항상 네가 경찰로 간줄로 부러는

안돈다고 걱정을 하시면서 역학생이 좋지 않단다.

네가 가던 날도 아버지는 무척이나 걱정을 하셨어.

아무런 일도 없이 잘 갔는지 모른단다.

하루 그러니까 엄마하고 말 다툼 하려 했지.

그런데 저번에 아저씨 편지와 네 편지을

받아보고 낙상을 하지 라구나.

오늘은 엄마도 없고 종란이도 없으니까 집안은

더욱이 쓸쓸 하기만 하다.

그리고 오빠와 아저씨도 안녕하지 겠다.

저번에 오빠가 보내주신 연하장도 잘 받아

보았다 오빠한테 전해 주려므나.

　　그럼 난 이만 펜을 놓겠다.

다시 만날때 자격 몸조심히 잘 있거라.

　　　75. 1. 9　종연.

엄마와 종란이는 대전에 가셨습니다.
외할머니 생신 때문에…

재현

요사이 집안은 너무나 쓸쓸하다. 오늘도 엄마는 종란이와 같이 외할머니의 생신이 내일이라고 대전에 가셨지. 집에 남아 있는 식구는 4식구밖에 없구나.

아버지는 항상 네가 그곳에 간 뒤부터는 안 온다고 걱정을 하시면서 얼굴색이 좋지 않단다. 네가 가던 날도 아버지는 무척이나 걱정하셨지. 아무 일 없이 잘 갔는지 모른다면서…
하도 그러니까 엄마하고 말다툼까지 하셨단다.

그런데 지난번 아저씨 편지와 네 편지를 받아 보고 낙심을 하시더구나. 오늘은 엄마도 없고 종란이도 없으니까. 집안은 더욱 쓸쓸하다.

그리고 오빠와 아저씨도 안녕하시겠지. 저번에 오빠가 보내신 연하장도 잘 받아보았다고 오빠에게 전해주려무나.

그럼 이만 펜을 놓겠다.
다시 만날 때까지 몸 건강히 잘 있거라.

1975년 1월 9일
종인

재현이는 말도 안 듣고 동생들만 괴롭히고 있습니다

오빠 前

벌써 3월이 되어 경칩도 지난 지 이틀이 된 걸 보니 완연한 봄이 온 것 같습니다. 그동안 오빠께서는 안녕하시겠지요.

편지가 너무 늦은 것 같아서 죄송합니다. 그동안 집안은 아무 일 없이 안녕들 하십니다. 그리고 오빠의 만년필은 어떻게 되었는지 잘 모르겠습니다. 있을만한 곳에 물어봐도 모른다고 하더군요.

오빠의 책은 대겸이 아버지가 너무 미안해서 부쳐 주신다고 하셨는데 부쳤는지 모르겠어요. 이제 우리집에 국민학생은 한 명만 남고 중학생이 한 명 더 늘었지요.

엄마 아버지의 부담이 더 늘 것 같습니다. 그런데 재현이가 요새 빈둥거리고 식구들의 말도 듣지 않는 것은 말할 것도 없고 태권도인가 무엇을 배웠다고 까불면서 동생들만 괴롭히고 있습니다.

엄마가 혼내는 것은 눈도 깜짝 않고요. 아버지가 혼을 내야 그때는 굽실대도 아버지만 안 계시면 언제 혼났느냐는 듯 큰소리를 치곤 합니다. 이럴 때는 5년은 더 사실 엄마라도 2년밖에 못 사신답니다.

그동안 집을 떠나 먼 곳에 있었으면 좀 나아진 것은 하나도 없고 더 빈둥대며 제 위에는 아무도 없는 것처럼 큰소리만 치고 제 할 일도 못 하면서 다른 사람만 못살게 굴지요. 하도 그러니까. 엄마는 오빠

한테 가서 교육을 받고 오라곤 하지요.

이러고 보니 글 쓴 거라고 오빠의 속만 상하게 썼군요. 죄송합니다.
다음에 또 쓰기로 하지요.
안녕히 계십시오.

1975년 3월 8일
종인

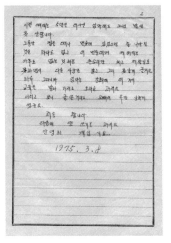

오빠 전

1

봄바람이 쌀쌀 하게 부나마 동리에서는 새여름
운동과 한다 자봉개량을 하느라 바쁘기만 하지도
우리도 작년에 학행동이 아래 자봉과 열지부은
하느나 황소도 잘도 했지도.

소개로 28,500은 받았는데 그것 가지고 내
수업료 13,000과 재천이 수업료 9,000은 내고
거기다가 ※보수 수업비라 잠비 합은 모든 것을
내다보니 30,000이 훨씬 넘어 가도.

거기다 자봉 성가재로 새은 옥재과 스래트 온도
2개 사나마 돈은 모자라게 빚은 얻어서 했습니다
그래도 오자재로 인부들의 품삯도 아직 주지
못했습니다. 그리고 그것 꾸러 아버님의 양반은 적어서
대사 하는데도 우청이나 힘이 든답니다.

자봉은 끝마치고 방은 하나마 경비 자재은 하려다
하다나마 얼락수가 없지도.

아버지도 자봉을 하면서도 오빠가 돈은 붙여 주려나
한다나 했습니다.

그리고 29일 부터 만춘은 두꾸들이 세경이 12가마
이고 나이는 23세 이만데 4분 격검하게 격하다
온도 것 다 격합니다. 다른때 보다 담배 인근
가격도 많은 났지도.

새마을 운동, 초가지붕 개량하기 바쁩니다.

오빠 전

봄바람이 시원하게 부니까 동래에서는 새마을 운동을 한다고 지붕개량하기에 바쁘기만 하지요. 우리도 작년에 말했듯이 아래 지붕과 옆 지붕을 하느라고 황소도 팔곤 했지요.

소값 208,500원을 받았는데 그것 가지고 내 수업료 12,000원과 재현이 수업료 9,000원 거기다가 보충수업비와 기타 비용을 내다보니 30,000원이 훨씬 넘더군요.

거기다가 지붕 서까래를 세울 목재와 슬레이트 등을 사니까 돈이 모자라서 변돈을 얻어서 했답니다. 그래도 모자라서 인부들의 품삯도 못 주고 있는 실정입니다.

30일부터는 아래 윗방을 털어서 다시 하는데도 무척이나 힘든 답니다. 지붕 일을 끝마치고 방을 하니까. 집이 지저분한데다가 말할 수가 없습니다. 아버지는 지붕을 하시면서도 오빠가 돈을 보내 줘서 한다고 했답니다.

29일부터 일꾼을 두었는데 새경은 12가마니이고 나이는 23세라고 하는데 일은 깔끔하게 잘한답니다. 다른 때 보다 엄마는 일꾼 탓을 안 하시지요.

저도 얼마 있으면 생활지도관에 들어가야 될 텐데 돈이 무척 많이 든답니다. 옷도 맞추고 모든 것을 하려면 20,000원은 있어야 하는 것 같습니다.

요사이 병풍을 하려고 하는데 그것도 걱정입니다. 한쪽당 2,000원씩 해서 8쪽이면 16,000원이라는데 이것도 부담이 됩니다.

집에서 돈을 타려고 하니까 엄마한테 부담이 너무 클 것 같아서 오빠한테 부탁드리는 것입니다. 재현이와 종란이도 참고서를 산다고 돈을 달라고 하는데 매일매일 조르느라 엄마의 신경이 날카로워지지요.

아직 초기라서 그런지 내는 잡비도 많고 모든 것을 준비하려니까 많이 드는 것 같습니다. 그러니 오빠가 다만 얼마라도 보태 주셨으면 감사하겠습니다. 안녕히 계십시오.

1975년 4월 9일
동생 종인 올림

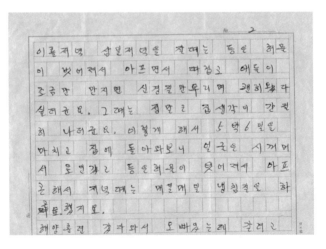

오빠 前

　그 뜨거웠든 우리위도 이제는 아침
저녁으로 10도를 오르내리는 선선한
바람이 돌어 옵니다.
　그간 오빠는 안영 하셨는지요.
저역시 해양훈련에 무사히 다녀 왔읍니
다. 가서 저녁 취침때는 자기전에 항상
선생님의 지시하에 2충요가 무었는데
그때는 우름을 갖고 앉아서 요가를 하
다가 울곤 하지요.

이를저면 삼밀저녁을 잘때는 등은 희옷
이 벗어져서 아프면서 때겁고 에둙이
조금만 안지면 신경질 만무리며 괜히 울고 다
실러군요. 그때는 정말로 잠생각이 간절
히 나려군요. 이렇게 해서 5박6일은
마치고 집에 돌아와보니 얼굴은 시꺼머
서 모닌가고 등은희옷이 벗어져서 아프
곤해서 저녁때는 매울매밀 냉청적을 하
료. 했지요.
해양훈련 갔다와서 오빠우는데 갈려고

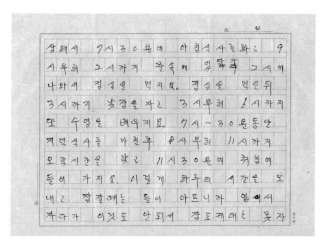

해양훈련 무사히 마치고 돌아왔습니다

오빠 前

그 뜨거웠던 무더위도 이제는 아침저녁으로 10도를 오르내리는 선선한 바람이 불어옵니다. 그간 오빠는 안녕하셨는지요. 저는 해양훈련에 무사히 다녀왔습니다. 훈련에 가서 잠을 자기 전에 선생님의 지시하에 고향에 대한 인사가 있었는데 그때는 무릎을 꿇고 앉아서 인사하면서 울곤 했지요.

이틀 저녁 삼일 저녁 잘 때는 등에 허물이 벗어져 아프면서 따갑고 아이들이 조금만 만지면 신경질을 부리고 한편으론 괜히 왔다 싶더군요. 그때는 정말 집 생각이 간절하더군요. 이렇게 5박 6일을 마치고 집에 와 보니 얼굴은 시커멓고 등은 허물이 벗어져 저녁때는 매일같이 냉찜질을 했지요.

해양훈련을 다녀와서 오빠 있는 곳을 가려고 했으나 얼굴이 너무 검고 등이 벗겨져서 못 갔습니다. 다음에라도 시간이 되면 가려고 했으나 시간이 여의치 못하여 못 갔습니다. 만약 시간이 된다면 추석 때밖에 없을 것 같습니다.

원산도에 가서도 엽서를 띄우려고 했으나 띄울 곳이 마땅치 않아서 못했습니다. 우체국을 가려면 1시간을 걸어야 했으니까요.

그리고 하루 일과는 아침 7시에 기상해서 7시 30분까지 아침 식사를 하고 09:00시부터 오후 14:00시까지 물속에 있다가 2시에 나와서 점심을 먹었지요. 점심시간이 끝나면 3시까지 낮잠을 자고 3시부터 6

시까지 또 수영을 배우지요. 저녁 7시부터 30분간 저녁 식사를 마치고 8시부터 밤 1시까지 오락 시간, 11시 30분에 취침했습니다.

이렇게 하루를 보내고 잠을 잘 때는 등이 아프니까 옆으로 자다가 이것도 안 돼서 잠도 제대로 못 자고 앉아서 잠을 자거나 밤을 새우지요. 매일 같이 이 짓을 연일하고 밥도 설익은 밥을 먹고 반찬이라고 감자 지진 것밖에 없지요. 밥이 제대로 됐을 때는 대여섯 번밖엔 없었습니다. 이렇게 5박 6일을 마치고 무사히 집에 돌아왔습니다.

그럼 다음에 쓰기로 하고 이만 줄이겠습니다.
안녕히 계십시오.

1975년 8월 26일
종인 올림

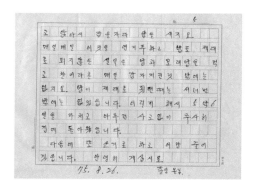

가져가신 사진 좀 보내주세요

오빠 전

아무 일 없이 잘 도착 하셨는지요.

저번에 보낸 편지는 잘 받아보셨겠지요. 다름이 아니라, 제 사진 좀 보내 달라고요. 작년에 앨범에 넣어 간 것 말이에요. 오빠가 가지고 가신 앨범까지 보내주시면 더욱더 감사하겠습니다.

뭐 하려고 보내달라 하느냐고요.

제 사진 제가 간직하고 있으려고요. 그리고 다른 사람들의 사진도요. 그럼 보내 주시는 거죠.

안녕히 계십시오.

동생 종인 올림

1975년 4월 22일

대학은커녕, 대학 문 앞을 지나가기도 힘들었을 겁니다

오빠 전

이젠 겨울도 지나가고 봄이 다가오고 있군요. 편지 잘 받았습니다. 그간 안녕하셨겠지요. 언니께서도 안녕하시고요.

오빠의 충고 말씀 잘 알아들었습니다. 전 1월 5일 그곳에 가서 오빠한테 말씀을 듣고 집에 와서 생각해 보았습니다.

그때 내가 오빠를 뵙지 않았더라면 나는 영영 대학은커녕 대학 문 앞을 지나가기도 힘들었을 것입니다. 몇 번을 되새기면서 생각해 보았지요. 이제는 기왕에 들어간 몸이니까. 맨발 벗고 뛰어볼 작정입니다.

언니한테는 쑥스러운 말이지만 영어만은 아무리 하려고 해도 안 되니 어떻게 하겠습니까. 단, 제가 능력이 닿는 데까지는 해 보겠습니다.

그리고 재현이 문제!
이건 정말 큰 일이라 생각합니다. 오빠께서 추켜올려주면 이건 마냥 제 세상인 것처럼 마음대로 하니까요. 가끔가다 충고 좀 따끔하게 내리고 또한 올려주실 때 올려 주시기 바랍니다.

요샌 재식이와 종란이가 개학을 했기에 망정이지 매일 같이 놀자판으로 놀아대니까요. 오빠 말씀대로 모든 것이 갖추어진 것 같습니다만 단, 인격 문제와 공부만은 제로인 것 같습니다.

이건 뭐 낮에는 싸움, 저녁에는 TV를 독차지하고…
오히려 TV를 안 놓았을 때가 좋았던 것 같습니다. 요즘은 그것 때문에 엄마하고도 매일 같이 말다툼하고 있으니 말이에요.

엄마가 말하기를 지난 구정에 오실 때는 버릇 좀 가르쳐 놓고 가라는 것이 그만 잊고 말았다고 하십니다. 요즈음은 하도 그러니까. 오빠한테 가서 버릇 좀 고치고 오라고 했으면 좋겠지만 낭비 때문에 못 보내겠다 하십니다.

이젠 내가 한술 뜨면 저는 열 술을 뜨려고 막무가내 기어오르니까요. 그래도 아버지가 계시면 덜 한 듯하고요. 아버지가 없으시면…

그러나 저는 든든하답니다. 다른 사람보다 더 멋진 동생을 뒀으니까 말이에요. 다만 흠이라면 그 단점 몇 가지 때문인데 이것은 노력만 조금하고 정신만 바짝 차리면 되지 않겠습니까. 제가 끌고 나가는 데까지는 끌고 가겠습니다만 오빠께서 가끔이라도 충고 편지를 띄워 주시기 바랍니다. 그럼 이만 줄이겠습니다. 오빠와 언니, 모두 안녕히 계십시오.

1976년 2월 16일
종인

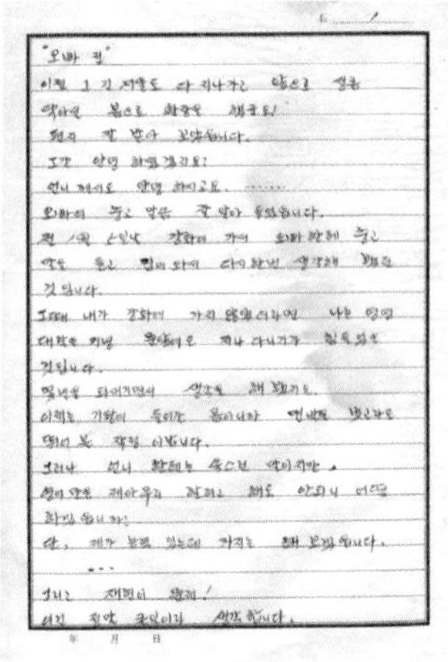

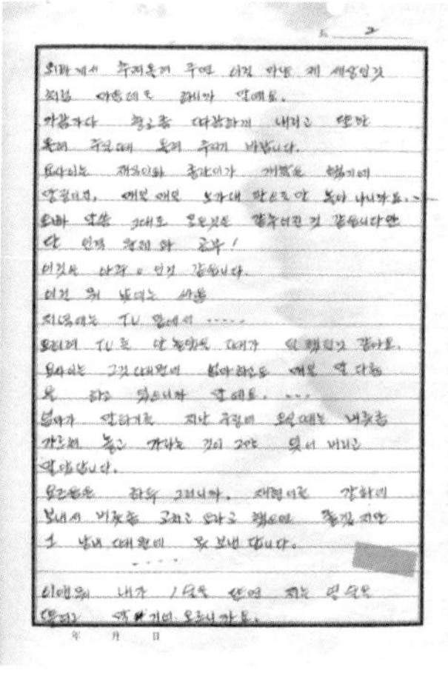

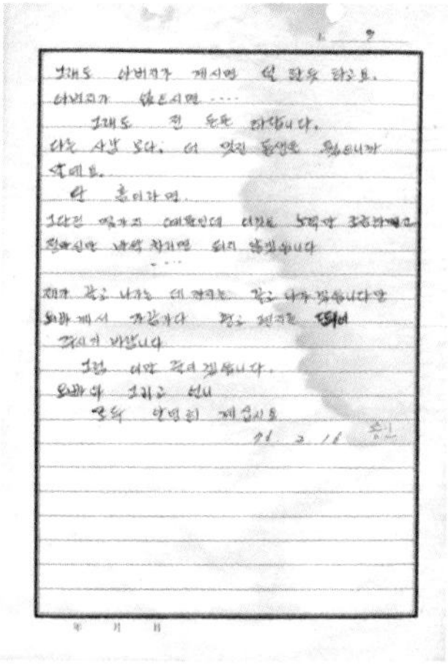

약으로 부치든 돈으로 부치든…

오빠!
무사히 잘 도착했습니다. 두 분 피서는 잘 다녀오셨는지요.

다름이 아니옵고 그곳에서 말한 '밧사' 이곳에서도 살 수가 있다고 합니다. 그런데 시간이 늦으면 어렵다고 하네요. 밧사란 농약은 다른 것 같지 않고 이화기 때 주는 약으므로 다른 것에 비해 더 많이 줘야 한답니다.

우리는 한 박스 사면 된다고 했지만 아버지께 여쭈어보니 3박스는 가져야 한답니다. 300평당 한 봉지를 줘야 한다네요.

그리고 이 약은 자주 줘야 한대요. 한 번 그곳에서 물어보세요. 얼 만큼 가지면 줄 수 있느냐고요. 약은 오빠 편리한 대로 사세요. 약으로 부치든가 아니면 돈으로 부치든가. 넉 잡고 이만원이면 될 것 같습니다.

14일은 식구들이 무척 기다렸나 봅니다. 저희가 오니까 오빠도 같이 오는 줄 알고 이웃 사람들이 새댁 구경하러 온다고 했으니까요.

그리고 저희는 올 때 기차에서 사고가 났답니다. 온양에서 교차하는데 반대편에서 오는 급행열차에 의해 박치기를 했답니다. 사망인지 중상인지는 모르고요. 사람들 말에 의하면 사망자도 있다고 합니다. 오빠, 다음에 편지 해 드릴게요.

감기 조심하시고 안녕히 계십시오.

1976년 8월 19일

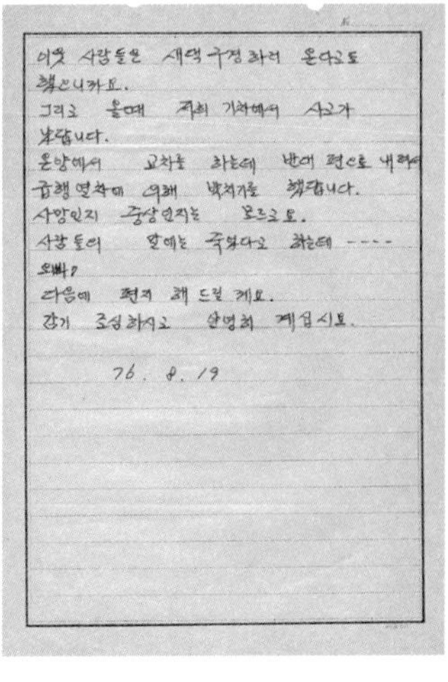

종인

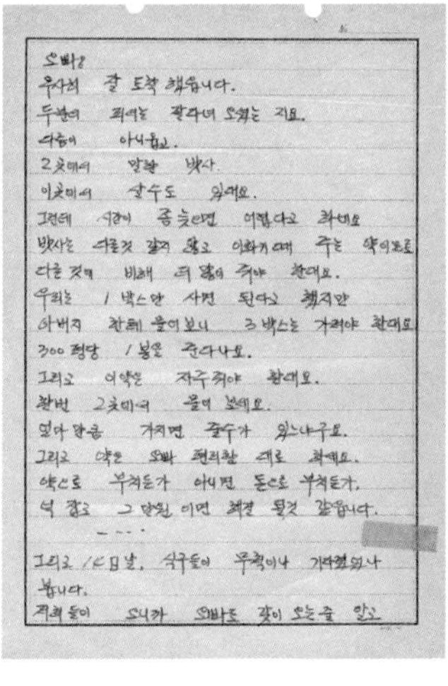

저는 집이라고 하숙집보다 못한 것 같습니다

오빠께

안녕하십니까.

그간 펜을 들지 못하여 죄송합니다. 벌써 4월도 하순으로 접어드는데 이곳은 보온 못자리하기에 여념이 없습니다.

이에 비해 아버지께서는 몇 달 전부터 진지를 통 안 잡수시고 눌은밥으로 끼니를 때우시고 있습니다. 경제적으로 걱정을 하시고 또한 다른 일을 두고도 그러신 거 같습니다. 집안이 이렇게 되니까. 사실 우리들은 가정에 대한 애착심은 커녕…

저는 집이라고는 하지만 하숙집보다 못한 것 같습니다. 아침 먹을 때부터 돈 달라고 할까 봐 엄마와 아버지는 내 천자 표정을 하고 계시니 말이에요.

매일 다니는 통학비를 타기도 힘이 듭니다. 앞으로 학교에서 하는 행사와 이것저것 하려면 더 많은 돈이 들어갈텐데 아직 집에다 말을 못하고 있는 실정입니다.

이런 때는 빨리 취직이나 했으면 하는 생각뿐입니다. 무척 고달픈 인생인 것도 같고요. 그렇다고 제가 인생론을 연구하는 학자도 아니고…

이달 29일경 오빠를 뵈러 갈 듯합니다. 우리 학교에서 견학을 가는데
서울에 갔다가 그곳의 유명 관광지를 들리기로 했거든요. 그때 가서
연락하든가 아니면 시간 나는 대로 꼭 들리겠습니다.
안녕히 계십시오.

1977년 4월 20일
동생 종인 드림

제3편

1973년~1977년

· 이종만(재현)

당시 중학생이던 재현이는 여섯 통
의 편지를 보냈다. 하지만 비록 짧은
내용이지만 예나 지금이나 반항심
많은 남자 중학생의 마음이 들어 있
다. 그 시대의 중학생은 공부보다 운
동에 관심이 높다는 것도 알 수 있다.

뒷줄: 종덕, 왼쪽: 재현(종만)
중앙: 종란, 앞줄 오른쪽: 재식

◦ 엮은이의 고백

엮은이가 가장 아끼는 남동생이었던 재현이는 우리 5남매 중
최고 인기가 높았고 손재주도 남 달랐다. 거친 일일수록 완벽
하게 처리하고 생긴 것도 듬직했다. 그러나 어찌 그리 인물값
을 하는지 말썽꾸러기로 변한 재현이는 무슨 일이든 쉽게 잡
지 않았다.

천만다행 엮은이는 그에게서 크게 배운 것을 고백한다. 해병
특수수색대를 제대하여 언제나 씩씩한 재현이는 "책을 보는
공부가 아니라, 몸으로 하는 공부를 시켰어야 했다는 걸 깨달
았다." 지금도 편지를 정리하며 "아, 재현이는 운동을 시켰으
면 멋진 선수가 되었을 걸" 하고 아쉬워하고 있다.

평소 잘하는 재능을 발견하지 못하고 다른 길로 인도했던 형
으로서 작으나마 책임을 느낀다. 그 죄인지 지금도 작은 불만
을 안고 살지만 그래도 열심히 살아준 아우 재현이에게 감사
함을 전한다. 이제 환갑이 지난 재현 아우는 외국에서 식당업
을 경영하며 나름 자리 잡았고 으쓱(?)이는 건 여전하다.

형이 오신다고 해서 너무 좋아…

보고 싶은 우리 형

나는 16일 아침 큰형이 오신다고 해서 너무 좋아 밥도 먹다 말고 학교에 빨리 갔다 와서 형이 오면 본다고 했는데,

학교에 갔다 오니까 엄마가 '형은 왔다 갔다.' 하면서 과자나 먹으라고 하는데, 형 보고 싶었습니다.

형 편지 좀 자주 해주세요.

형 안녕히

재현

형님이 보세요

4개 월만에 형이 안아와서 마음깊이 기다려 있었갈만
이상이로 그말이 윈요일이 때문에 학교에 들려오니 형이 않다
갈다게 너무도 마음이 허젔만 하 더군요
우리 남매는 형을 목표로 하고 마음에 그림을 삼고 생활의
학교 등하을 하고 왔는데 형의 말라도 복상
하지만 우리 남매들은 너무도 섭섭해서 서로가
형은 보았느냐고 물었읍니다
형이테 부티는 편지도 자주 날겨이며 흘러간 항사는
다시는 않겠읍니다 우리 들이 편지 알리느돠며
신라히 화가 나텄더 모양이 리오
나도 형이 되면 같이 즉흥히 산소에 간다고 찾었더니
여러 모도 섭섭한 마음이 금리 않는 군요
형은 우리 들을 보고싶긴 할가요
형리름이 ~~푸~~ 푸웃서요 그러면 형편이분
~~화~~ 자주 해 주 세요
우리 들도 편리은 자주
~~형~~리 들이 겠읍니다

73 년 4 월23일

형을 보았느냐고 묻기만 했습니다

형 받아보세요.

수개월 만에 형이 오신다고 해서 마음 깊이 기다리고 있었건만, 이상하게도 그날이 월요일이기 때문에 학교에 갔다 오니 형이 왔다 갔다기에 너무도 마음이 허전하더군요.

우리 남매는 형을 목표로 하고 의지하며 생활하고 있는데 형의 입장도 복잡하겠지만 우리 남매들은 너무도 섭섭해서 서로가 형을 보았느냐고 묻기만 했습니다.

형, 이제부터는 편지라도 자주 보낼 것이며 흘러간 행사를 다시는 않겠습니다. 우리들이 편지를 안 해 드려서 심하게 화가 나셨던 모양이지요. 나도 형이 오시면 함께 작은 형 산소에 간다고 했는데 여러모로 섭섭한 마음을 금치 못하겠습니다.

형은 우리가 보고 싶지 않아요? 형 여름에 꼭 오세요. 그리고 형 편지를 자주 해주세요. 우리도 편지를 자주 하겠습니다.

1973년 4월 23일
재현

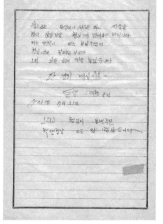

날마다 동생들과 싸움을 하니까 누가 좋다고 하겠습니까

형님 전 상서

그동안 안녕하십니까?

형님이 가신지 2개월이 지난 듯합니다. 저는 방학이 되었으나 학교에서 보충수업을 받고 있습니다. 그리고 우리 집에서는 논에 병이 나서 아버지께서는 밤이나 낮이나 걱정을 하십니다.

하지만 아버지께서는 걱정만 하실 뿐 논에 약을 할 기색이 보이지 않습니다. 오늘도 아버지는 멱살을 잡고 싸움을 하였습니다. 그러다가 조금이라도 화가 나면 제게 화풀이를 하십니다. 저는 지금 하루하루 살아가는 것이 참 고달픕니다.

엄마는 며칠 전부터 형님댁에 가신다고 하더군요. 저는 오늘도 엄마하고 말다툼을 했습니다.

왜냐하면 우리가 방학 숙제를 하려면 노트가 필요할 것입니다. 그것은 형님께서도 학생 생활해서 잘 알겠지요.

돈을 달라고 하면 당장이라도 나의 따귀를 때리려 덤벼들 듯합니다. 그래서 학교에 다니고 싶은 마음이 하나도 없습니다. 실은 저 역시도 잘못이 많습니다. 동생 종란이하고 날이면 날마다 싸움하니 누가 좋다고 하겠습니까.

그렇다고 하여 저는 그것을 그대로 넘기고 마는 것이 아닙니다. 저녁에 잠자리를 펴놓고 가슴에 손을 올려놓고 생각을 합니다. 오늘 내가이러저러해서 싸움을 했으니 내일부터는 나의 동생들이니까 잘 아끼고 사랑해야지 하고 잠을 청하지요.

그런데 이튿날 일어나면 생각과는 오산이 되고 마는 것입니다. 저는친구들 하고 싸워 가지고 친구들의 부모들이 우리 집까지 쫓아오는날이 많습니다. 앞으로는 동생이나 친구들하고 싸움을 하지 않을 것을 형님께 맹세하는 바입니다.

저는 방학이 얼추 끝날 무렵 형님댁에 갈 예정입니다.
그럼 이만 졸려 펜을 놓겠습니다.
안녕히 계십시오.

동생 재현 올림

1975.7.31.

추신: 형님이 보내주신 '학생 중앙' 오늘 잘 받았습니다.

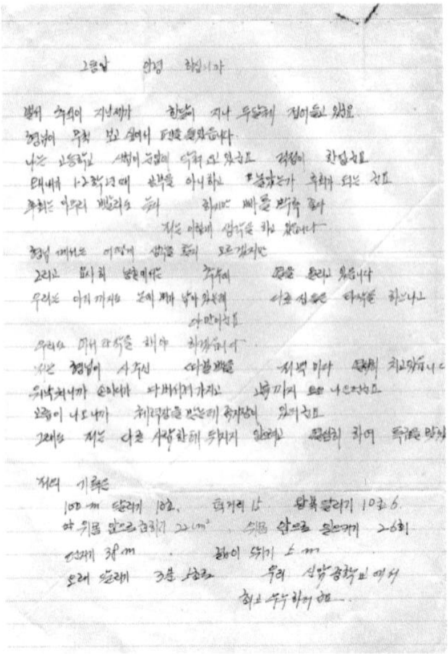

1975년 10月 28日

동생 재현 형

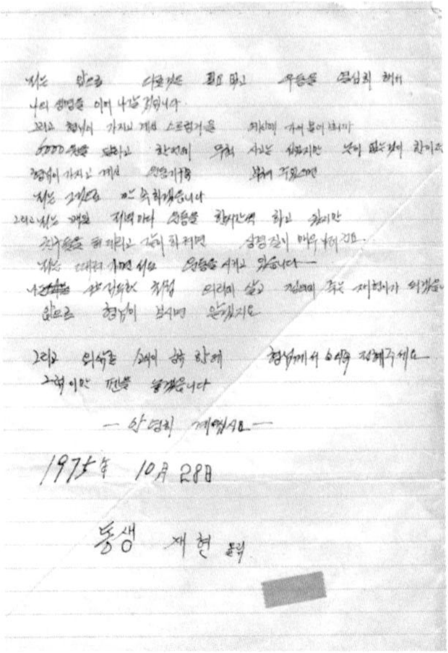

고등학교 입학시험이 눈앞에
닥쳐오고 있군요

그동안 안녕하십니까?

벌써 추석이 지난 지가 한 달이 지나 두 달이 접어들고 있군요. 형님이 무척 보고 싶어 펜을 들었습니다.

나는 고등학교 시험이 눈앞에 닥쳐오고 있군요. 걱정이 한없군요. 왜 내가 1, 2학년 때 공부를 안 하고 놀았는가. 후회가 되는군요. "후회는 아무리 빨라도 늦다." 하지만 빠를수록 좋다.

저는 이렇게 생각을 하고 있습니다.

형님께서는 어떻게 생각할지 모르지만, 요사이 농촌에서는 추수에 열을 올리고 있습니다. 우리는 아직 논에 벼가 남아 있는데 다른 집은 타작을 하느라고 야단이군요.

우리도 빨리 타작을 해야 하겠습니다. 저는 형님이 사주신 더블백을 저녁마다 열심히 치고 있습니다. 워낙 치니까 손마디가 다 부서져서 고름까지 나오더군요. 고름이 나오니까 체력장을 받는 데 지장이 있더군요.

그래도 저는 다른 사람한테 뒤지지 않으려고 열심히 하여 특급을 받았습니다. 저의 기록은 100미터 달리기 13초, 턱걸이 15회, 왕복달리기 13.6초, 윗몸 앞으로 굽히기 22 평방센티미터, 윗몸 일으키기 26

회, 던지기 38미터, 넓이뛰기 5미터, 오래달리기 3분 5초로 우리 신암 중학교에서 최고 우수하군요.

저는 앞으로 다른 것은 필요 없고 열심히 운동해서 나의 생명을 이어 나갈 것입니다. 그리고 형님이 가지고 계신 운동기구(스트링거) 예산에 가서 물어보니까. 6,000원을 달라고 하던데 무척 사고는 싶었지만 돈이 없는 것이 한이더군요. 형님이 가지고 계신 운동기구 좀 보내주셨으면 저는 그것으로 만족하겠습니다.

저는 저녁마다 운동을 한 시간씩 하고 있지만 친구들을 데리고 같이 하려면 신경질이 나더군요. 저는 때려가면서도 운동을 시키고 있습니다.

나는 김두한처럼 의리에 살고 정의에 죽는 재현이가 되겠습니다. 앞으로 형님이 보시면 알겠지요. 그리고 외삼촌 소식이 궁금한데 형님께서 소식 좀 전해주세요. 그럼 이만 펜을 놓겠습니다.
안녕히 계십시오.

1975년 10월 28일
동생 재현 올림

형권 전상서

그동안 안녕 하십니까

가냘픈 여인처럼 찰랑거리는 강가에 푸른
새싹들이 봄을 더욱이 알려 주는것 같고요
하지만 아직은 봄이라기는 하지만 바람이 불어서
그런지 아침 저녁으로는 물론이나 음추리고
다녀야 될런다고요
우리는 맹물 안있으면 책교 을 수다가 까리
간다고 하는데 열렁렬 창소
요사히 어머별 게게서는 몸이 좀 불편한것 같고요

그런히 저는 아리어서 하나도 쓸모 없는
존재 얘가 봐요
내가 말하면 듣는 척도 않고 나을 더 둘리켜는
것 같고요
하루 スK시간 그냥 꾸중을 드르라는 법이 있습니까
그렇지 않겠어요 형님
좋은 이는 자꾸만 쥐보나 지붕이라고만 해요
누나라고 하고 싶은 마음은 간절하나 정이가 먼저
버꽈서 맞고 하니 거억시도 760°로 버꽈서 맞은 하리요
물론 관찰은 저에게 있겨요
아무리 제가 관찰 찬격라 여도 그럻게
어리 있습니까

형님 저는 라천도은 내두르려고 하는데
집에서는 돈달 주지 않습니다
형님이 어렇게 학교비 7000원 썩만 부쳐 주시겠습니가
도갑는 신혜송에 우표싸 더라도 있습니다
성기 제가 약 고만 받어 있는것 같습니다
그리 제 몸이 않은 몸이 거북하여 신혜송에어
속 묵4 반등 만들어 놓았리요
그전우도 격니 학교의 혼하셨 이러요
자은 어렇게 보아선 가 봐요 그럻에 어느날
부천 눈지 우리 형오 저도 부장 고확가 같이 선강을 찬혜
운앤아을 추내가 말합데요
맞게에도 이렇요 격4 헐격반 상항엔이라 처4
책소리 않고 멍4 재광희 걸났습니다
지금 제가 그부루 몸을 참고 있읍니가
찰아 가셔요 복수을 해야 지요
동학화개에 어렇게도 하리만 재미도 사려 군요
그럼 여기서 펜을 놓아야 겠습니다
형님 그럼 동생한테 안경희 계십시요

1976年 4月 26日(일요일)밤 11시 70분

고향문어서   동생

재현 올림

형님! 저보고 저질이라 하고
'왕따'를 시킵니다

형님 전 상서

그동안 안녕하십니까?

가냘픈 연인처럼 한들거리는 길가에 푸른 새싹들이 봄을 더 알려주는 것 같군요. 하지만 이곳은 봄이라고는 하지만 바람이 불어서 그런지 아침 저녁 움츠리고 다녀야 할 정도이군요.

우리는 며칠 있으면 행군으로 수덕사까지 간다고 하는데 얼떨떨하군요. 요사이 어머니께서는 몸이 좀 불편하신 거 같군요.

그런데 저는 이 집에서 하나도 쓸모없는 존재인가 봅니다. 내가 말하면 들은 척도 안 하고 나를 따돌리는 것 같군요. 하루 24시간 나만 꾸중을 들으라는 법이 있습니까? 그렇지 않겠어요.

형님!

종인이는 자꾸만 저보고 저질이라고만 해요. 누나라 하고 싶은 마음은 간절하나 종인이가 먼저 비꽈서 말을 하니 저 역시도 360도 비꽈서 말을 하지요. 물론 잘못은 저에게 있지요. 하지만 아무리 제가 잘못이라 할지라도 그런 게 어디 있습니까.

형님, 저는 태권도를 배우려고 하는데 집에서 돈을 주지 않는군요. 형님이 어떻게 한 달에 3,000원 씩 보내주시지 않겠습니까. 태권도장은 신례원에 무덕관이라고 있습니다. 생긴 지가 약 두 달밖에 안 되는 거 같습니다.

그리고 내 옆에 앉은 녀석이 까불길래 신례원에서 묵사발을 만들어 놓았지요. 그 친구도 역시 합덕 통학생이지요. 저를 어설프게 보았던 가 봐요.

그런데 어느 녀석이 불었는지 우리 학교 지도부장 고릴라 같이 생긴 사람한테 엉덩이를 3대나 맞았지요. 맞기에는 더럽고 치사했지만 상급생이라 찍소리 않고 맞았습니다. 지금 저는 그 고자질한 녀석을 찾고 있습니다. 찾아가지고 복수를 해야 하지요.

통학하기에 어렵기도 하지만 재미도 나더군요. 그럼 여기서 펜을 놓아야 하겠습니다. 형님 그럼 몸 건강히 안녕히 계십시오.

1976년 4월 24일 토요일 밤 11시 30분
고향에서 동생 재현 올림

형님 전 상서

무더운 날씨에 얼마나 고생이 많으십니까.
형님이 왜게 죽선 ㄱ 잘 받았 읍니다
저 못난 동생을 위해 선물까지 사주서의
잘개 무량하기 히이 없읍니다
형님이 와 향한테 열심 로으로
형님이 희생 하서 면서까지 위을의해 주서 는데
그 뜻을 모르고 형님께서 공격 이야 겨만
해서 면은 한죽게로 두고 한 거르
조려 끌리고 빨앙 읍니다
형님 용서 하세요
지금 생각하면 새가 참 어리석기가
한이 없읍니다
형님이 까라인 또 내가 원하는 육사에
기 핀고 합격하여 형님에 게
꼭 핀요 한 인재가 되고아 막겠읍니다 꼭여
그리고 이 동생 하나도 꺼리낌 없이
웃는것으로 형방을 대 하겠읍니다
사랑이 하여서 꼭어이 알리겠읍니까
젠하닌 랫뜩과이 뜩 둘이 문겸읍니다
두서 없는는 뿐과 되읍니다
무더운 날씨에 몸조심 하세요
안녕히 게십시오   ㅇ 서울에서   동생 재현
— 안   녕 —
                              77. 6. 18   일

웃는 얼굴로 형님을 대하겠습니다

형님 전 상서

무더운 날씨에 얼마나 고생이 많으십니까. 형님이 보내주신 티셔츠 잘 받았습니다. 이 못난 동생을 위해 선물까지 사주시니 감개무량하기 한이 없습니다.

형님이 나한테 열성적으로 희생하시면서까지 저를 위해주시는데 그 뜻을 모르고 형님께서 공부 이야기만 하시면 한 귀로 듣고 한 귀로 흘리고 말았습니다.

형님, 용서하세요. 지금 생각하면 내가 참 어리석기가 한이 없습니다. 형님이 바라고 또 내가 원하는 육사에 기필코 합격하여 형님에게 꼭 필요한 인재가 되고 말겠습니다. 꼭이요,

그리고 이 동생이 웃는 얼굴로 형님을 대하겠습니다. 사람이 해서 안 되는 일이 있겠습니까. 쨍하고 해뜰 날 돌아올 것입니다. 두서없는 글 몇 자 띄웁니다. 무더운 날씨 몸조심하세요.

- 안녕 -

시골에서 동생 재현이가
1977년 6월 19일

제4편

1974년~1978년

1960년대 후반 외갓집에 놀러 왔던 고종사촌(문희동 뒷줄 오른쪽,
문옥열 뒷줄 왼쪽에서 두 번째)과 종인(장녀, 뒷줄 왼쪽) 재현(뒷
줄 오른쪽에서 두 번째) 종란(앞줄 오른쪽, 줄넘기용 새끼줄을 들
고 있는…) 막내 재식(앞줄 왼쪽)이다.

· 이종란

1974년 초등학생이었던 종란 누이는 우리 집의 대
표적인 '글쟁이'였다. 50년이 지난 지금 읽어도 흥미
있는 누이 편지는 그 당시 모범생은 무엇을 생각했
고, 어떻게 가정을 도왔는지 온전히 알 수 있다. 그
가 생각한 형제간의 우애와 장래 희망은 무엇인지,
재치 있는 글과 웃음으로 접할 수 있다.

이제 육십이 되어가는 종란 누이는 어릴 때와 똑같
은 성미로 주변의 인기가 드높다. 무슨 일이든 당차
게 밀고 나가는 종란이는 저와 똑 닮은 두 딸을 낳아
즐거운 뒷바라지를 하고 있다. 종란 누이 아래 귀여
운 막내둥이 재식이가 있다.

오빠 객지에서 얼마나   수고   하십니
오빠 나는   방학을 주면은   서울에 올라
　　　　　래요
오빠가   답장이 없어서   내가 땃자 씨
　　　　올립니다
그런데   7월 2일날 명주 형이   나한테 오
주소집 알려 달라고 해서
　　경기도   강화큰 강화읍 신문리
　　　　(웃현 산립 주식회사)
라고   알려 드렸읍니다
응 왔 다고   말씀하셨어요
우리는   학교을   잘다니고 있읍니다
오빠는   집생각이   나시   겠죠
나도   오빠 생각이   떼 오릅니다
오빠 생각이 나면   사진을   들려다
보 또 보고 싶으면 모봅니다
집에는   모내기가   끝났고
논매기가   시작됩니다
오빠 나 책이라도   살것 점
붙쳐 주었으면   좋겠이
　　　요
(오빠   이만 안녕)
SAM WON SAEMAEUL PYUN SUN GI
　　　　1974년 7월 3일 학교에 갔다와

오빠가 생각나면 사진을 보고 있어요

오빠 받아보세요

오빠 객지에서 얼마나 수고가 많으십니까. 오빠 나는 방학을 주면 서울에 올라갈래요. 오빠가 답장이 없어서 내가 몇 자 써서 올립니다.

그런데 7월 2일 병주 형이 나한테 오빠 주소 좀 알려달라고 해서 주소를 알려드렸습니다. 그랬더니 주병이 오빠는 '응, 알았다' 하시면서 가지고 가셨습니다.

우리는 학교에 잘 다니고 있습니다. 오빠는 집 생각이 자주 나시는 거 같아요. 나도 오빠 생각이 자주 떠오릅니다.

오빠 생각이 나면 사진을 들여다보고 또 봅니다. 집에는 모내기가 끝났고 논매기가 시작됩니다.

오빠 나 책이라도 살 것 조금 부쳐주었으면 좋겠습니다.
이만 안녕!

1974년 7월 3일
종란이가 학교에 갔다 와서 씀(당시 초등학교 6학년)

집에 할아버지가 안 계시니 참 섭섭해요

오빠

오빠 안녕하십니까?

집에는 할아버지가 안 계시니까 참 섭섭해요.

우리 할아버지 화나시면 큰소리를 잘하시던 할아버지는 참 불쌍하신 할아버지였지요. 또 할머니는 귀를 잡수셔서 아무 것도 모르시는 우리 할머니도 참 불쌍하신 할머니였어요.

오빠한테 편지 온 것은 잘 받았어요. 오빠, 추운 집에서 주무시는 것 같아요. 며칠 전 진차 오빠가 오빠 있는데 갔다 오셨다고 집에 와서 이야기해서 들었어요.

참 훌륭하신 우리 오빠!

이만 안녕히 계십시오.

1974년 7월 6일 학교에서 씀

종란이가

오빠, 이불을 부쳐드린다고 싸매두었습니다

오빠 전 상서

편지 잘 받았습니다. 오빠도 객지에서 몸 건강히 잘 계실 줄 압니다.

우리 집에는 아버지 어머니 외할머니 다 잘 계십니다. 우리는 학교를 열심히 다니고 공부도 잘하고 있습니다.

내일은 어머니가 오빠 이불을 부쳐드린다고 꼭꼭 싸매두었습니다.

나는 오빠가 보고 싶어요.
오늘이라도 빨리 오셨으면 좋겠어요. 그런데 삼국지 이야기도 쓴 것을 보았어요.

오빠 이만 몇 자 써서 붙입니다.

1974년 7월 11일 학교에서…
동생 종란이가 씀

장마철에 집이 100여 채나 떠내려갔어요

오빠!
오빠 받아보세요. 오빠 편지 잘 받아보았어요.

오빠, 창근 아빠한테 편지가 왔어요.
엄마도 오빠 있는데 갔다 오셨는데 엄마 말씀에 창근 아빠가 재수가
없어서 그런가 보다 하시네요.

오빠, 답장이 늦어서 미안해요.
오빠, 신문에 나오는 한자를 몰라서 아저씨가 읽는 것을 들으니까.
지난번 장마철에 집이 100여 채나 떠내려갔다고 하시대요.

이제는 방학이 다가오고 있어요. 오빠 사진도 보았어요.
오빠, 내가 이렇게 몇 자 써서 올립니다. 객지에서 몸 건강하시기 바
랍니다.

동생 종란이가
1974년 7월 16일 아침,
학교에서 씀

오빠

오빠 편지 잘 받아 보았어요?

오빠 재헌이는 강화에 돌갑니다

우리는 학교를 명심히 다니고 있어
요___

이제는 가을리 닥아오고 있어요?

오빠 편지 쓰면서 우슴이 나오는
큰요? 하하하하

외탈어니는 예산에 놀리 가셨어
요___

오빠 절 봉투에 붙친 우표에 달
린 복숭아 그림, 먹음직 스럽죠—

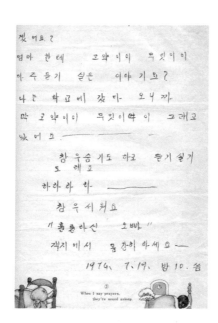

겠어요?

엄마 한테 그와이이 무짓이이
아주듣기 싫은 이야기요?

나는 학교에 갔다 오니까
막 그와이이 무짓이약이 그래고
났어요___

　　　참 우슴기도 하고 듣기싫기
　　도 래요

　　라라라 하___

　　　참 우시워요

　　"총총라신 오빠"

　　객지에서 몸간히 하세요—

　　　　　1974. 7. 19. 밤10. 씀

아버지는 술을 드시면 혼잣말로 꿍얼꿍얼
아주 듣기 싫은 말씀을 하십니다

오빠

오빠 편지 잘 받았어요. 오빠, 재현이는 오빠 계신 곳에 못 갑니다. 우리는 학교를 열심히 다니고 있어요. 이제는 가을이 다가오고 있지요.

오빠! 편지 쓰면서 웃음이 나오는군요. 오빠 편지 봉투에 붙어있는 우표에 복숭아 그림이 먹음직 스럽지요.

오빠,

아버지는 왜 그런지 모르겠어요. 무슨 뜻인지 알 수 없는 얘기를 혼자 하시면서 꿍얼꿍얼하는데 아주 듣기 싫은 이야기입니다. 나는 학교에 갔다 오니까. 막~ 무슨 말씀인지 혼잣말로 투정을 부리듯 하고 계시 군요. 참 우습기도 하고 듣기 싫기도 해요.

하하하하하~~~ 참 우스워요.

"훌륭하신 오빠" 객지에서 몸 건강하세요.

1974년 7월 19일 밤 10시
종란 씀

오 빠 ?

오빠 그 동안 안녕하십니까?

오빠는 불편이 않는지 궁금하
큰요 ?

집에는 모두다 불편이없이 편안
합니다?

오빠 여름철에 모기 위생 파리더러 가지
병이 있는데 콜레라 더러 가기
병네 조심하기를
의 부탁 합니다 ?

이러한 병네 걸이면 큰 일 남니다

여름 철 병이 제일 많음니다
조심 하시로 바랍니다?~ ~ ~~

우리는 방학를 즈기시 집에서만
꼼짝 꼼짝 합니다

고등학교 는 방학이 없고 국인화
고 중학교 뿌게 없이요
게학은 8월 지월날이 개학
합니다 ~

이만 먼자 각시에
시 몸건강히 하거를 바람이다
점덩 병에조심하세요

1974년 . 8월1일 동성
중란 씀

여름철은 모기, 파리, 콜레라 등
위생적인 질병이 많아요

오빠

그동안 안녕하십니까. 오빠는 불편이 없는지 궁금합니다. 집에는 모두가 편안합니다.

오빠 여름철에는 모기, 파리, 콜레라 등 위생적으로 여러 가지 질병이 생기는데 조심하기를 늘 부탁합니다. 우리가 이러한 병에 걸리면 큰일입니다.

우리는 방학을 맞이하여 꼼짝하지 않고 집에만 있습니다. 고등학교는 방학이 없고 초등학교 중학교만 방학이 있어요.

개학은 8월 21일입니다. 이만 끝내겠습니다.
전염병 조심하세요.

1974년 8월 1일
종란 씀

음식은 익혀 먹고,
물놀이터는 가지 않았어요. 물놀이는
재식이가 잘 다니고 있지요

오빠

안녕하십니까. 편지 잘 받았어요.

오빠 외삼촌은 6월 7일 사고가 3번이나 났데요. 오빠 외삼촌 댁 주소
는 그대로래요. 외할머니는 예산으로 가셨어요. 어머니는 오빠 생신
날 가신데요.

요즘 나의 일과는,
어제는 어머니와 콩밭을 마지막으로 다 맸고요. 오늘은 논을 매는데
술을 받아오고 불도 때고, 나무도 들이고 청소도 하고 그랬습니다.

아침은 04:25분 아니면 05:35분에 일어나 세수를 하고 나서 봉사활동
에 갔다 와서 불을 때 드리고 방학 숙제를 하고 나서 회관 마당에 가
서 뛰어놀았습니다.

음식은 익혀 먹고, 물놀이터는 가지 않았어요. 물놀이는 재식이가 잘
다니고 있지요. 재식이는 방학 숙제도 안 하고 몰라서 그런지 하지도
못합니다.

아버님은 약주를 덜 마시고 있어요. 우리는 원성골 아저씨를 잘 따르고 말씀도 잘 듣고 장난도 잘해요. 이제는 계속 답장을 해드리겠습니다.

이만 안녕히 계십시오. 객지에서 건강하시기 바랍니다.

1974년 8월 10일 아침 08:30분에 씀

동생 종란이가

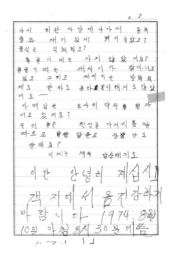

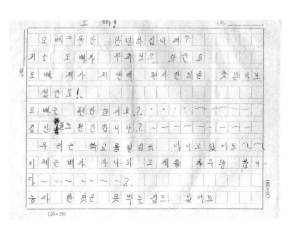

오 빠!

오빠 그동안 안녕하십니까?

저는 오빠가 무척 보고 싶군요.

오빠 제가 지번에 편지한것은 못받아보

싰군요!.

오빠는 편안하시요.? · · · ～ ～ ～

집안 식구도 편안합니까.? ～ ～ ～ ㄱ ～ ㅓ ～ ㅓ

우리는 학교를 빠짐 없이 다니고있어요 ～ ～

이제는 벼차 나나라 고세를 가우뚱 합니

다 ～ ～ ～ ～ ～ ～ .?.

농사 한것은 못먹는 검도 있어요

것을이 너무나 장특 들어왔어요

우리는은 안 그렇겄 그렇 아요 ㄱ ～?

오빠는 추석에 옵른 오시겄죠.? · · · ·

이제는 ㅅ학거 때려기막 맛이 하는

것입니다. 오빠 그네롱게 펜을들고 멎자~는

입니[이만 안녕히 계십시오.]

니다] 석거에시 몸건 강히 하길 바람니다

1974년 9월 4일

동생 종란 올림

논에 갯물이 들어와서 농사지은 걸
못 먹는 집도 있어요

오빠
그동안 안녕하십니까?

저는 오빠가 무척 보고 싶군요. 오빠 제가 저번에 편지한 것은 못 받아보셨군요.
오빠는 답장을 했는지요. 집안은 편안합니다.

우리는 학교를 열심히 다니고 있지요.

이제는 벼가 익어가고 있고요. 고개를 갸우뚱합니다.
농사지은 걸 못 먹는 집도 있어요. 갯물이 잔뜩 들어와서요. 우리 논은 안 그런 거 같아요.

오빠는 추석 때 오시겠죠? 이제는 2학기를 맞이하는 것입니다.

오빠 이렇게 펜을 들고 몇 자 썼습니다.
이만 안녕히 계십시오. 객지에서 몸 건강하시기 바랍니다.

1974년 9월 4일
동생 종란 올림

오빠!

오빠 편지 잘 받아 보았어요?

이제는 무덥던 날씨도 가을 바람으로 불어오는군요? 요번에 외삼촌이 오셨다 가셨는데 나는 무척 기쁘이 좋았어요

그 지긋 지긋한 일본 놈들 하고 우리한국하고 아시아경 기대회에서 ―― 저는 학교에서 저녁 늦게 다녀오고 있어요? 운동회 연습을 하나라고 늦게 와요? 운동회날 10월 2일 날이 운동회 날입니다

이 만 객지에서 몸 건강히

가을 운동회 연습하느라고
집에 늦게 오고 있어요

오빠!

오빠 편지 잘 받아보았어요.

이제 무덥던 더위는 사라졌고 가을바람이 불어오는군요. 이번에 외삼촌이 오셨다 가셨는데 저는 무척 기분이 좋았어요.

그 지긋지긋한 일본×들하고 우리 한국하고 아시아 경기대회를 개최해서 재현이와 그 경기를 보았습니다.

저는 학교에서 저녁 늦게 오고 있어요.
가을에 할 운동회 연습하느라고 늦게 오고 있지요. 운동회 날은 10월 2일입니다.

이만 객지에서 몸 건강하시길…

1974일 9월 16일 저녁에
종란 올림

"오 빠 께"

오빠 안녕하십니까요
오빠가 가신후 점심
때 즉 병이가 왔있어
나는 오빠한데 그
미 운집이 있어요
가음은 내가 늑은 한심
각이 나요
오빠 어머니는 갑자기
몸살이 나가지고 꼼짝못
합니다 —
　　　종인이언니는 소풍을
가고 그래서 집이정신이
없어요 —
합의 대련이는 국에서 약
을 저와가지고 지금은
약을 잡수시고 있어요
　　　다에보면

참 먹한일이 큰요
재현이는 밤 8시 넘문
더 약 안오지 어머
니는 알치 어쩔도리
가 없어요
오빠는 몇시에 상경
하셨죠 "궁금하군
요"
　　이만 안녕히 계십
시오
(다-음) 연또1
　　동생 란·종여 기 8시
1974년 10. 읽 갑자

엄마는 몸살이 나셔서 꼼짝을
못 하십니다. 참 딱한 일이군요

오빠 전
오빠 안녕하십니까.

오빠가 가신 후 점심 때 주병이 오빠가 왔었어요.
나는 오빠한테 고마운 점이 있어요. 지금은 내가 녹음한 생각이 나는
군요.

오빠,
엄마는 갑자기 몸살이 나셔서 꼼짝을 못 하십니다.

종인이 언니는 소풍을 갔고 그래서 집안이 정신이 없어요.
합덕 대림약국에서 약을 가져와 잡수시고 있어요. 참 딱한 일이군요.

재현이는 밤 8시가 넘었는데 안 오지, 어머니는 아파서 앓고 있지, 어
쩔 도리가 없군요.
오빠는 몇 시에 상경하셨는지요. 궁금하군요.
이만 안녕히 계십시오.

1974년 10월 4일 8시
동생 종란이가

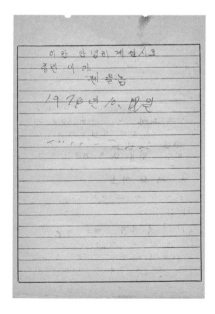

오빠!

안녕 하 십 니 까.

종인 이×는 곽사 히 설악산 에 다 녀 왔 어 요?

그리오 어머니는 몸살 이 나 가 지 모 지 요 음 니 다 저 번 5월 날 부터 그리고 오빠 는 저번 6월날 편지 한 것은 못 받 아 보 셨 는 지 요

형근 괴 큰 요.

그리고 되 불 맞 춘 것은 1.300원 이 였 죠 고 로 는 3.5 원 이 말 수 있 어 요

어 머 니 는 그 것은 맞추 서 모 후 에 하 입 니 다

우리 가 족 사 진 찍은 것 이 오 적 보 모 삶 어 요.

그 리 고 오 빠 는 독사 서 도학 하 셔 도 자 금 을 리 큰 요.

한 양 대 학 교

이 와 안 녕 히 계 십 시 요

종란 이 가 ×을 늠

1976년 10. 15 일

책상은 13,000원에 맞췄고
코트는 3,500원에 맞추었어요

오빠!
안녕하십니까.

종인이는 무사히 설악산에 다녀왔어요. 그리고 어머니는 몸살이 나
셔서 며칠 전부터 누워만 계십니다.

오빠는 지난 6일 보낸 편지를 못 받아보셨는지 궁금하군요. 그리고
책상은 13,000원에 맞췄고 코트는 3,500원에 맞추었어요.
어머니는 그걸 맞추시고 후회하십니다.

우리 가족 사진 찍은 거 무척 보고 싶어요.
오빠는 무사히 도착하셨는지 궁금하군요.
이만 안녕히 계십시오.

우리 가족 사진 찍은 거 무척 보고 싶어요

종란이가 펜을 놈
1974년 10월 18일

어머니는 지금 퇴원해서 괜찮아요

오빠 안녕하십니까.
오랜만에 오빠 편지 잘 받아보았어요. 오빠는 너무 슬프게 편지하지
마세요.

어머니는 지금 퇴원해서 괜찮아요. 오빠는 너무 걱정하지 않으셔도
됩니다. 이곳은 무척 바쁘고 벼는 아직 베지 않았습니다.

오빠 편지를 받았으면 답장을 해드려야 할 텐데 제가 미안합니다.
우리 오빠는 그렇지 않지만 그래도 답장을 먼저 해드려야 도리인데 …,
이만 연필을 놓아요. 객지에서 몸 건강하세요.

1974년 10월 23일 밤 21시 25분
종란

재식이 저금통장 있으면 빨리 보내 주세요

오빠

안녕하십니까? 오빠가 가신 후 편지를 보내는 것입니다.
오빠가 가지고 간 앨범 속에 혹시 재식이 저금통장과 할아버지 주민
등록증이 있으면 빨리 보내 주세요.

그리고 오빠는 무사히 도착하셨는지요.
어머니는 재식이 저금통장 때문에 걱정을 하십니다. 오빠는 환이 오
빠 편지도 받아보셨는지요.
이만 필을 놓아요.

1974년 10월 30일
종란

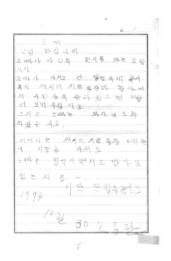

외할아버지가 말씀을 못 하신답니다.
어찌합니까?

오빠

그동안 안녕하셨는지요.

오빠 재식이 저금통장과 할아버지 주민등록증이 확실히 있는지 없는지 답장 좀 해주세요.

집에는 추수가 끝났어요. 오빠는 얼마나 추우시겠어요. 오빠 외할아버지가 말씀을 잘 못 하신답니다. 그러니 어찌합니까.

엄마는 오빠 계신 곳에 가신데요. 오빠 외삼촌 주소를 압니까? 오빠 재식이 저금통장 할아버지 주민등록증 꼭 좀 부탁합니다.

객지에서 몸 건강히 안녕히…

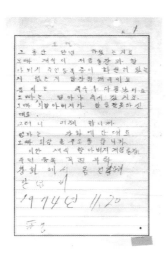

1974년 11월 20일

동생

연하장

즐거운 새해를 맞이하여 복 많이 받으시길 바랍니다.
몸 건강히…

1974년 12월 19일
동생 종란 올림

1990년대 안방과 웃방의 출입문이 보인다.

나는 중학교 입학을 못 하나 봐요

오빠의 전

오빠 받아보세요. 저는 중학교에 못 들어가려나 봐요. 집에는 돈이 째서 장관논을 팔았어요.
오빠도 아시다시피 할아버지 논의 명의 이전!!

입학금, 등록금을 다 냈는데 중학교를 못 들어가겠어요. 제가 카드 보낸 것은 받아보셨는지.
내일은 즐거운 크리스마스, 오빠는 몸 건강하시기 바랍니다.

재현이는 오빠 계신 곳에 가라고 엄마는 그러는데 아버지는 못 보낸다고 해요.
이만 안녕히 계십시오.

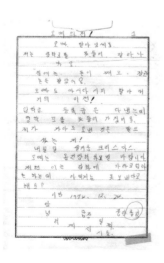

1974년 12월 24일
종란 올림

오빠의. 손!

1안. 안녕 하십니까.

저는 오빠 가 무척 보고 싶어요.

이옥시 편지를 몇번 하나까 아웅
소식 이 없어서 이렇지 답장
하는 것 입니다

제현 이는 무사히 도착 했는지
궁금 하군요.

재현 이도. 보고 싶군요.

제현 이하고 오빠 하고는 언제 만
나는 지!

제현 이가 강화에 가니까 집구
석이 통 빈것 같군요?

이옥째 사람 밖에서 5명이 사나
가. 4명이 사나까 더그렇군요.

방은 큰데 이다. 사람은
조금.

유유 하군요.

제현은 새로 맞이 하는 1월 1일를
맞이 하는 셈입 거죠.

양력 은 섣.

2

음력 일로 2월 11일

제현 이는 거기 어른 서는 안제 볼
지는 안 는지.

끝

이만   이만
                안녕히 지입
                         시요

몸 건강히 하셜

              바랍
              니다.

1974.

      12. 91일

   동생

      종준

         올
         림

재현이는 그곳에서 까불지 않는지요

오빠의 전!
그간 안녕하십니까. 저는 오빠가 무척 보고 싶군요.

이렇게 편지를 몇 번씩 해도 소식이 없어서 이렇게 편지하는 것입니다. 재현이는 무사히 도착했는지 궁금하군요.
재현이도 보고 싶군요.

재현이하고 오빠는 언제 만날지?
재현이가 그곳에 가니까. 집구석이 텅 빈 것 같군요.
이렇게 사랑방에서 5명이 자다가 4명이 자니까. 더 그렇군요.
방은 큰데 사람은 조금…

내일은 새로 맞이하는 1월 1일입니다. 양력은 설, 음력설은 2월 11일.
재현이 그곳에서는 까불지 않는지.

이만 안녕히 계십시오.

1974년 12월 31일
동생 종란 올림

오빠 전.

나는 오빠가 무척 보고싶군요.
재현이 오빠온가 간제가, 19일이
됬구요.

몃번을 편지 해도 답장이 없군요.
오빠 답장좀 일쯕 해주세요.

답장을 일쯕 해주면 나의 기분이
참 조아요. 오빠도 ~~~~~~
오빠도 마찬가지로.

집에는 아무일 없이 몸잘있어요.
오빠도 아무일 없이 잘있는지요.
집에는 재현이 오빠가 없으니까
아무일이 없어요.

재현이 오빠가 오으면 싸우는데 ~~~
우리 이제 싸우지 말고 형제가
잘 지냄세 다

답) 이만 안녕히계셍요.
장) 쌀쌀한 날씨에 몸건강히 게심시요
열)   1974 1 15일   (답)
쩍)   (장일정
(하세요) ~~~~~   동생 숙란 오리 올림

우리 싸우지 말고 형제끼리 잘 지냅시다

오빠 전
나는 오빠가 무척 보고 싶군요.

재현이 오빠가 그곳에 간 지가 19일이 되었군요. 몇 번을 편지해도
답장이 없군요. 오빠 답장 좀 일찍 해주세요. 오빠가 답장을 일찍 해
주면 나의 기분이 참 좋아요.
오빠도 마찬가지…

집에는 아무 일 없이 잘 있지요. 오빠도 잘 있는지요.
집에는 재현이 오빠가 없으니까 아무 일이 없어요. 재현이 오빠가 있
으면 싸우는데…

우리 이제 싸우지 말고 형제가 잘 지냅시다.
이만 쌀쌀한 날씨 몸 건강히 계십시오.

-답장 일찍-

1975년 1월 15일
동생 종란

작은오빠 편지 안 해줘서 미안합니다

오빠!
안녕하십니까?

며칠 전 편지와 털신, 옷감 등 잘 받았습니다. 저는 오빠들이 무척 보고 싶군요. 오빠 홑이불이 더러우면 설 때 가지고 오십시오.

작은오빠 편지 안 해줘서 미안합니다. 며칠 전 작은오빠한테 편지를 받으니까 받은 것 같지 않더군요. 오빠한테 받아야 받은 것 같군요.

이만, 〈종진이 아저씨는 왜 오셨는지요〉 안녕히 계십시오.

재현이 오빠는 태권도장에 다닌다고요. 열심히 하여 건강한 어린이가 되길 바랍니다.

1975년 1월 25일
동생 종란 올림

오빠, 우리 남매보다 더 좋은 게
어디 있습니까

오빠!

그간 몸 건강하셨는지요? 우리 만난 지가 3주일이 되어 가고 있군요. 저는 며칠만 있으면 어엿한 중학생이… "아!, 세월도 빠르다."

"내가 6년이란 세월을 다 보냈다니…"

이곳에 만년필은 없어요. 오빠가 예산에서 탁구 치다 빠진 거 아닌가요. 오빠 우리 남매보다 더 좋은 게 어디 있습니까. 남매와 부모보다 더 좋은 게 어디 있겠습니까.

오빠,

이만 만날 그날까지 안녕히 계십시오.

1975년 2월 27일
동생 종란 올림

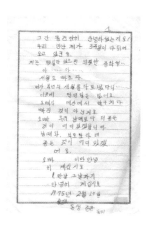

오빠!

오빠 오래 간에 편을 드는크 오
아무럴없이 잘 게신지요?
집에는 아무별없이 잘있어요!
저는 3월 5일 부터 학교를 근심
없이 잘다니로 있어요?
저는 학교를 다녀도 도요게 가게를
저정이요?
오빠요!

언니! 가!

육선회비가 30000원 돈이 다 들어
가는그요?
오빠는 필림이 80000 원 돈을 닳다
요?
집에는 약음식거가 먹고 저적고
5 닳는요?
어들 어가는 것은

저! 와 언니와! 오빠!
가 제일 걱정이크요?
새식이는 아무렇도 아니지요?
오빠 그러면 한달에 10000원
이라5 보내면 좋게지요?
이제는 봄날씨가 차차……
이안
안녕히 게십시요.

1975. 5월 10일 동생

종란
윤림

다음에 또하기로라요……

저와 언니 오빠의 학비가 걱정이군요

오빠!!

오래간만에 펜을 드는군요. 아무 일 없이 잘 계신지요? 집에는 잘 있습니다.

저는 3월5일부터 학교를 근심 없이 잘 다니고 있어요. 하지만 학교에 다녀도 돈 문제가 제일 걱정이군요.

오빠와 언니의 육성회비가 3천원이 되는군요. 오빠는 월급이 80,000원이라고요. 집에는 일곱 식구가 먹고 지낼 것도 없군요.

더 들어가야 하는 건 저와 언니 오빠의 학비가 걱정이군요. 재식이는 아무것도 아니지요. 오빠 그러면 한 달에 1만원이라도 보내면 좋겠어요. 이제는 날씨가 차차…
이만 안녕히 계십시오.

다음에 또 하기로 하고……

학교에 다녀도 돈 문제가 제일 걱정이군요

1975년 3월 10일
동생 종란 올림

참 재미있는 영어…

오빠의 전

그간 몸 건강히 안녕하셨는지, 저도 잘 있습니다. 보내 준 편지 잘 받았어요. 오빠는 아무 일 없이 잘 계신지요. 집에도 별일 없이 잘 있어요.

이제는 봄, 파릇파릇 돋아나는 새싹들…

저는 A B C D E F G H I J K L M N O P Q R S T U V W X Y Z
이리하여 26자를 배우는군요. 총 26 글자 참 재미있는 영어…
이만 안녕히 계십시오.

1975년 3월 19일
동생 鍾蘭
good evening

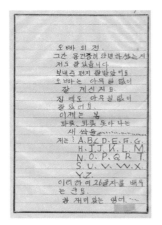

우리 집 초가지붕을 슬레이트로 개량했어요

오빠

3월은 세월없이 보내는군요. 제가 몇 번 째 편지를 했는데 오빠는 답장이 없군요. 오빠는 참 너무해요.

제가 3월 5일부터 학교를 다녔는데 편지 한 장 못 받아 본 것이 유감이군요. 바쁘기도 하겠지만 오빠도 너무해요.

오빠 제가 이런 편지를 했다고 오해하지 마세요. 소식이 없으니까 너무 궁금하군요. 집에는 초가지붕을 개량했어요.

이만 인사말을 줄이겠어요.

1975년 3월 31일

鍾蘭 올림

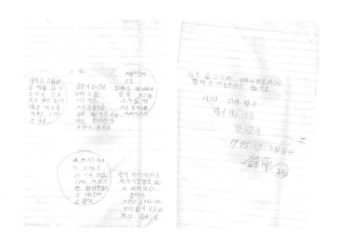

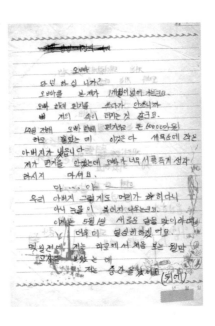

오빠

안녕 하 십 니 까?
오빠를 본 지가 1개월이 넘어 가는군요.
오빠 한테 편지를 쓰다가 안쓰니까
뭐 거의 속이 터지는 것 같크요.

지난 간에 오빠 한테 편지하고 돈 60000만원
하고 부쳤는 데 이것은 다 세무소에 작은
아버지가 냈읍니다.
제가 편지를 안했는데 오빠가 너무 서운쭉게 섭과
라시지 마서요.
막... 아

우리 아버지 그렇게도 머리가 좋하시더니
아니 눈물이 불러저 나오는군요.
얘는 5월 1일 새로운 담을 맞이하래
더욱 더 열심히 하겠어요.

며칠전에 저는 학교에서 처음 보는 월말
고사를 보았는 데
저는 중간을 봤어요 (희애)

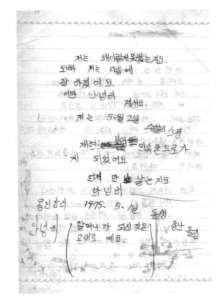

저는 왜이렇게못했는거요.
오빠 저는 다음에
장 하겠어요.
엄마 안녕히
계서요.
저는 5월 2일 순번의 소풍
재러: 민속촌으로가
게 되었어요
더저 만 날는지도
안녕히
옴건용리 1975. 5. 1일 동생
안녕히 할머니가 되신것은 종반 올림
고대로 예요.

'아~' 우리 아버지가 저렇게 머리가 희다니 눈물이 나오네요

오빠

안녕하십니까. 오빠를 본 지가 1개월이 넘어가는군요. 오빠한테 편지를 쓰다가 안 쓰니까 저의 속이 터지는 거 같군요.

일주일 전에 오빠한테 편지와 돈 60,000원을 받았는데 이것은 모두 세무서에 작은아버지가 냈습니다. 제가 편지를 안 해서 그런지 오빠는 너무 서글프게 생각하지 마세요.

"아~~,"
우리 아버지가 저렇게 머리가 희다니 눈물이 나오는군요. 이제는 5월 1일 새로운 달을 맞아 더욱 열심히 하겠습니다.

며칠 전에 저는 학교에서 월말고사를 보았는데 저는 중간을 했어요. 저는 왜 그렇게 못했는지요. 오빠 저는 다음 달부터 잘하겠어요.

이만 안녕히 계세요.
저는 5월 2일 수철리로 소풍 가고요. 재현이는 부여 민속박물관으로 가게 되었어요.

우리 언제 만날지 기다려지네요.
안녕히…

1975년 5월 1일
동생 종란 올림

오빠.

아무쪼록 저의 편지 받아 보세요.

그동안 안녕 하셨는 지요?

제가 편지는 비록 많이는 안했거만

하다가 안하니까 좀 섭섭 하군요.

집에는 모내기가 한창이고 보리 바심은

다 끝났 어요.

오빠도 집에대해 궁금 하시겠지요.

저희 들 학교를 멀성히 다니고 왔어요.

오빠는 직장에 - - - - -

오빠는 제가 편지를 안해서 섭섭 하겠지요

저도 오빠가 편지를 안해끼가 한는데요

학교에서는 재미있는 영어와 한문,

얼마나 재미 있는지 모르겠구요

저는 오빠의 고마움을 잊지 않아야 겠죠.

더욱 고마 와요.

단 오백원 이라도 단천원이라도 그것은

오빠 의 성이 참고맙습니다

이만 안녕 히

제 세요

1975. 6. 26일

동생 Jong Rah 올

모내기가 한창이고 보리 바심은
끝났습니다

오빠

아무쪼록 저희 편지 받아보세요. 그동안 안녕하셨는지요. 제가 비록 편지를 많이는 안 했지만 하다가 안 하니까 좀 섭섭하군요.

집에는 모내기가 한창이고 보리 바심은 다 끝냈습니다. 오빠도 집이 궁금하시겠죠. 저희는 학교에 열심히 다니고 있어요. 오빠는 직장에…

오빠는 제가 편지를 안 해서 섭섭했지요. 저도 오빠 편지를 못 받아서 궁금하군요. 학교에서는 재미있는 영어와 한문, 얼마나 재미있는지 모르겠군요.

저는 오빠의 고마움을 잊지 않아야겠어요. 너무나 고마워요. 단 오백 원이라도 단, 천 원이라도 그것은 오빠의 성의 참 고맙습니다.

이만 안녕히 계세요.

1975년 6월 26일
동생 jong ran 올림

오빠? 전.

" 받아 보세요.

오빠, 보내준 책 잘 받아 보았어요.

편지가 와 있는 데 답장이 늦어서

미안 하네요?

그마 와요 ㅡ

오빠는 어디가 편안하신 가 보군요.

엄마 곁에 ♥ 오빠가 편안하시다는끔

문 꾸었 대매요.

며칠 있으면 여름 방학이 ㅡㅡㅡㅡ

참 기쁨 하군요.

그새 여름방학이 들어왔나 며개를 다내지

않고 방학이 들어 왔다

"노력 끝에 성공이 있들이요"

저는 오빠하고 약속, 잘 하기를 약속 하겠어요.

외번 많은 못했지만 다음 버러라도 잘해서

좋은 성적을 어둘수 있도를 하겠어요.

내가 성적을 할 때서 겁에서 제일 좋다

말을 들을수 있도록 노력 하겠어요?

이제는 고등학교를 들어 가면서 노력 하껐

흡니다

정신을 바짝 차리고 노력

하겠 습니다.

마음을 단단히 먹고

노력 하겠읍니다.

이만 ~~~~

이
  만
     안
        녕
          히
            계
              세
                요

1975. 7. 9

동생

숙란

(물)

저는 오빠하고 공부 잘하기로
약속하겠어요

오빠 전

오빠가 보내 준 책 잘 받아보았어요. 편지가 왔는데 답장이 늦어서 미안하군요. 고마워요. 오빠는 어디가 편찮으신가 보군요. 엄마는 오빠가 편찮으시다는 꿈을 꾸었데요.

며칠 있으면 여름 방학을 맞이하는군요. 제가 생각해봐도 참 기특하군요. 그새 여름 방학이 오다니, 몇 개월 다니지도 않았는데 여름 방학이 왔으니…

"노력 끝에 성공이 있을지니" 저는 오빠하고 공부 잘하기로 약속하겠어요. 이번만은 못 했지만 다음부터라도 잘해서 좋은 성적을 얻도록 하겠어요.

내가 성적을 올려서 집에서 제일 잘한다는 말을 들을 수 있도록 노력하겠어요. 이제는 고등학교를 들어가도록 노력하겠습니다.

정신을 바짝 차리고 노력하겠습니다. 마음을 단단히 먹고 노력하겠습니다.
이만…

안녕히 계세요.

1975년 7월 9일
동생 종란 올림

부모와 정이 없고 동생들과도 정이 없다면
어떻게 되겠습니까.
오빠, 우리 정답게 지냅시다.

오빠!
받아보세요. 오빠가 오래서 갔는데 그렇게 하였으니
저는 오빠가 너무 했다고 생각합니다.

부모와 그렇게 하고 동생들과 그렇게 한다면 어떻게 되겠습니까?
부모와 정이 없고 동생들과도 정이 없다면 어떻게 되겠습니까.

저희는 무사히 도착했어요. 참 그렇다면 어찌 되겠습니까.
오빠 편지지가 더러워 미안합니다.
오빠는 언제 도착하여 들어오셨는지요. 궁금하군요.

그렇다고 집에 안 오시고 한다면 어떻게 되겠어요.
사람은 정이 있어야 하지요. 오빠 제 편지 받고 답장 좀 꼭 해주세요.

안녕히… 안녕히… 더위에 몸 건강하세요.
답장 꼭 해주세요.

                                    1975년 8월 7일 5시
                                사람은 정이 있어야 하지요.
                                        종란 올림

추신: 오빠 옷 좀 햇볕에 내다가 일광소독 충분히 시키세요.
옷에서 냄새가 나더군요. 엄마는 불안하고 그래서 그냥 왔데요.
"오빠 우리 정답게 지냅시다." 그렇게 하면 안 되지요.
저는 그 소리를 들을 때 끔찍하더군요. 오빠를 못 보고 오면서 생각
하니 마음이 서글프더군요. 오빠도 마음이 서글프겠지요.

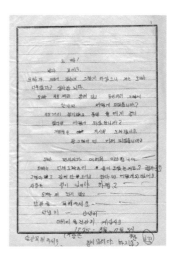
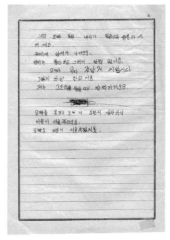

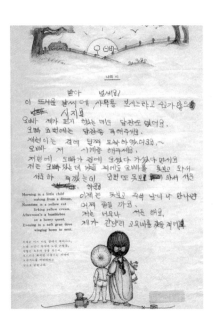

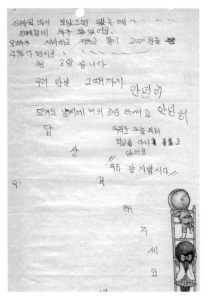

오빠, 저 시계 좀 사 주세요

오빠, 받아보세요.

뜨거운 날씨에 사무를 보시느라고 수고가 많으시지요? 오빠는 제가 편지를 했는데 답장도 없어요. 이번에는 꼭 답장을 해주세요.

재현이는 집에 일찍 도착하였더군요. 오빠 저 시계 좀 사 주세요. 저번에 오빠가 집에 오셨다가 가셨다면서요. 저는 오빠 있는데 갔을 때도 오빠를 못 보고 와서 서운하군요. 이제는 못 보고 추석날이나 만나면 어찌 좋을까요.

저는 너무나 서운해요. 제가 간양리 고모네 집에 갔을 적에 신례원에서 보았으면 됐는데…
오빠가 재식이하고 저하고 둘에게 2,000원을 주었다면서요. 참 고맙습니다.

우리 만날 때까지 안녕히 계세요. 뜨거운 날씨에 더위 조심하세요. 우리도 오늘부터 학교에 다니고 있어요.

"우리 잘 지냅시다" 답장 꼭 해주세요.

1975년 8월 22일
종란 씀

우리 웃음거리가 되게 재미있게 놉시다

보고픈 오빠 받아보세요.
그간 더위에 몸 건강하셨는지요. 얼마나 사무에 노고가 많으십니까?
집에도 모두 다 안녕하셔요.
이제는 여름이 지나고 가을이 돌아오는군요.

오빠 제가 몇 번이나 편지를 했는데도 답장이 없어서 너무나 서운하
군요. 이제는 추석도 11일 밖에 남지 않아 그때나 만나야겠지요.

엄마는 28년 동안 오빠 생일 축하를 안 해드려서 서운하다고 하는군
요. 오빠 생신은 지났지만요. "우리 만나는 그날 웃음거리가 되게 재
미있게 놉시다."

그럼 만나는 그날까지 안녕히…

975년 9월 9일 밤 9시 25분
종란 올림
꼭 답장 해 주세요.

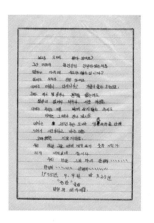

저는 오빠가 잘 못 했다고 생각해요

오빠 전 상서

안녕하십니까? 오빠 왜 이렇게 답장이 없어요. 그렇다고 해서 왕래를 안 하면 어떻게 되겠습니까? 저는 오빠가 참 너무 했다고 생각해요. 소식 없이 어떻게 살아가겠어요.

저는 오빠가 잘 못 했다고 생각해요.

오빠 정신 좀 더 차려야 하겠어요. 저는 오빠가 그럴 줄은 꿈에도 몰랐어요. 있을 수 없는 일이지요,

오빠가 웃는 모습이 내 눈에 선합니다. 곰곰이 생각하니 눈물밖에 나오지 않는군요.

오빠 추석에 오세요. 재미있게 녹음도 하고 제가 기다릴게요.

답장 좀 꼭 해주세요. 이만 펜을 놓겠어요.

안녕히 계십시오.

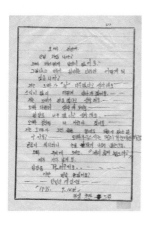

1975년 9월 14일
동생 종란 드림

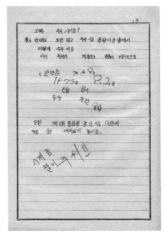

저녁 8시가 넘어, 9시가 넘어,
10시가 넘어, 11시가 넘어, 12시가 넘어,
밤 1시가 되었습니다.

오빠!

그간 안녕하십니까?

이제는 기다리고 기다리던 추석도 쓸쓸하게 지나갔군요. 오빠는 추석날 오신다고 하시더니 왜 안 오셔요. 19일 저녁에 아버지, 엄마, 재현, 재식, 저 식구란 식구가 다 마중을 나가 6시에 나가 7시가 넘어, 8시가 넘어, 9시가 넘어, 10시가 넘어, 11시가 넘어, 12시가 넘어, 가게에 가서 시간을 보니까 밤 1시가 되었습니다.

어떤 차에 오빠하고 똑같은 사람이 큰 갑을 가지고 내려서 오빠하고 상자를 받으려 하는데 '야, 미안해.' 모르는 사람이 저보고…

그리하여 저는 큰 실수를 했어요. 식구가 아침도 안 먹었어요. 저는 기다리다 기다리다 뿔딱지가 나 혼자 중얼거리다 재식이하고 저하고 생각하니 "야, 이거, 석겸이 오빠하고 가지 말자고 짰나 보다" 하니까 '야 참 그런가 보다.' 하고 재식이는 그 소리를 듣고 나더니 집에 와서 엄마에게 이야기를 하니까. 엄마는 아니다 내일 온다 했고 우리는 20일 오시겠지 했다.

이제는 새벽 2시가 되니까 종성이 아저씨가 버스에서 내리셨다. 엄마가 마중을 나가 있으니까 "아줌마 왜 나오셨어요?" 해서 오빠가 안 와서 그래요. 하니까 그러면 "아직까지 안 왔어요?" "왜 이렇게 안 오는지 모르겠어요." 하니까. "내일 새벽 아니면 10시경에는 오겠지요." 그렇게 추석날도 기다리다 또 안 오셔서 이제는 나도 모르겠다하고 집으로 돌아왔어요.

그러다가 종성이 아저씨가 오시더니 "아이참, 추석에는 꼭 온다고 나한테도 전화가 왔었는데 왜 안 오지." 너무 할 일이 밀렸나 보다 라고말했다.

오빠, 이번 추석에 안 오셨으니까. 저희 몇 년 만에 운동회를 하는데오셔요. 10월 2일 운동회를 하거든요. 꼭 오세요. 오빠 엄마는 이불을부쳐야겠다고 하시는데 불도 안 때고 요만 펴고 주무시고 곰팡이가난 방에서 어떻게 지내세요. 아이 추워라. 저부터도 소름이 끼치는군요.안녕히 계세요.

1975년 9월 26일 밤 11시
동생 종란 올림

추신: 이번 제1회 졸업생인 종인이도 와서 뛰고 웃고 재미있게
놀았어요. 시계 좀 부쳐주세요.

보내 준 '학생 중앙' 잘 받았어요

오빠 받아보세요.

보내 준 편지와 책 잘 받았어요. 오빠 집 때문에 엄마가 걱정하시는군요. 며칠 있으면 종인이도 10일 여행을 간다고 합니다.

엄마도 오빠 있는 곳에 가시려고 했는데 마침 오빠한테 편지가 도착했고 학생 중앙과 노래책 등을 붙여줘서 고맙게 생각합니다.

엄마는 2일 가실 예정이랍니다. 집에는 모두 다 잘 있습니다.
이만 줄이겠어요.
- 안녕히 -

며칠 있으면 종인이도 여행을 간답니다.

종란 올림

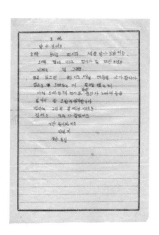

보고싶은 오빠 전상서.

받아 보세요.

이제는. 길가에 코스모스가 가을을 반겨 주더니 다 써로 여름
어 가는 군요.

오빠를 비롯 하여 회사 직원님들도 안녕하신 지요.

가을은 오목 벼와 가 익어 가고 길에는 버들버들
육 트두리고 게 하는군요?

이제는 여기에도 전기를 들어와요 떠런전북터 가설을 하는군요.

제일 많은 집이 6만원 이레요.

오빠 돈 60000만원 만 붙여 들래요.

너는 주고 저희들 3명 학수업 료 값은 50000원이 되요.

그리하여 오빠가 60000 원 건거성만점 해달라고요

저혼자만해도 10000 천이 넘어요.

오빠 주십에 안오시더지 답장도 없어요?

저희들은 학업에 열중 하고 - - - - - -

오빠는 사목에 열중 하고 - - -

우리는 더욱 더 공복를 명심키하여

오빠 몸에다 성적 뭄를 보더 들어야겠걸요

이만 편을 놓겠어요.

안녕히 계심 시요.

1975년 10월 18일 학교 12시 5분

우리 집에도 전기가 들어와요

보고 싶은 오빠 전 상서

코스모스가 가을을 반겨주더니 이제는 그 꽃이 씨가 되어 여물어 가는군요. 오빠를 비롯하여 회사 직원들도 안녕하신지요.

가을은 오곡백과가 익어가고 집에는 벼를 베고, 묶고, 두드리고, 찌고, 하는군요. 이제는 우리 집에도 전기가 들어와요.

얼마 전부터 가설을 하는 군요. 설치비가 제일 많은 집이 6만 원이래요. 오빠 돈 60,000원만 붙여 달래요. 벼는 죽고 저희 3명의 수업료가 50,000원이랍니다.

그래서 오빠가 전기세 60,000원만 해달라는 겁니다. 저 혼자만 해도 10,000원이 넘어요. 오빠 추석에 안 오시더니 답장도 없어요.

저희는 학업에 열중하고 우리는 더욱 공부를 열심히 하여 오빠에게 성적표를 보여드려야 하겠지요.

이만 펜을 놓겠어요. 안녕히 계세요.

1975년 10월 18일
학교에서 12시 05분

보고 픈 오빠!

받아 보세요

그간 몸건강히 잘계시 겠죠---

어머니는 무사히 다녀오셨어요.

오빠는 잘 계시다고 하니 저는 마음이
　　　　　좋더군요.

오빠는 지금 무었을 하고 계실까.

　　사무를 보고 계실까!

　　잠을 자고 계실까!

저는 오빠. 웃는 모습이 저희 눈에 선
　하군요.

오빠 웃어 보세요.!

웃으면 복이 온다 니까요!

　　　하 하 하 ㅇㅇㅇㅇㅇㅇㅇㅇㅇ-

여기는 몇일 전에 첫눈이가 왔어요.

이제는 추워서 옹크리고 다니게 되는군요.

　오빠도 추워서 옹크리고 다니 시겠죠!

　집에는 추수가 한창이고 ㅇㅇㅇㅇㅇㅇㅇㅇ.

　저희 들은 화읍에 면증 하고

　　　이만 펜을 놓겠어요.

　안녕히ㅇㅇㅇ안녕히ㅇㅇ 만날그날 까지

　1975. 11월 4일 밤 10 22분

　　　동생. 종란 올림

오빠 웃어보세요. 웃으면 복이 온다니까요.
하하하~~~

보고픈 오빠!!

그간 몸 건강히 잘 계시겠죠. 어머니는 무사히 다녀오셨어요. 오빠가 잘 계시다니 저는 마음이 좋더군요.

오빠는 지금 무엇을 하고 계실까? 사무를 보고 계실까. 잠을 자고 계실까. 오빠 웃는 모습이 선하군요. 오빠 웃어보세요. 웃으면 복이 온다니까요. 하하하~~~

여기는 며칠 전에 첫서리가 왔어요. 이제는 추워서 웅크리고 다니게 됩니다. 오빠도 추워서 웅크리고 다니겠지요. 집에는 추수가 한창이고 저희는 학업에 열중하고…

이만 펜을 놓겠어요. 만날 그날까지 안녕히…

1975년 11월 4일 밤 10시 22분
동생 종란 올림

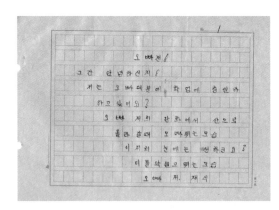

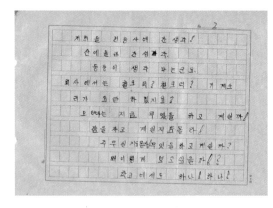

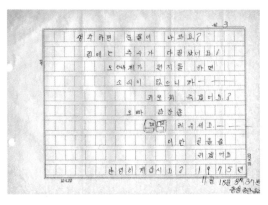

전등사에 올라간 생각이 나는군요

오빠 전

그간 안녕하신지요? 저는 오빠 덕분에 학업에 열중하고 있어요. 오빠 저희 전등사에서 산에 올라갈 때 오빠의 뛰는 모습이 눈에 선하군요. 이를 악물고 뛰는 모습, 재식이와 저희들이 전등사에 간 생각, 산에 올라간 생각 등등이 떠오르는군요.

회사에서는 철거덕 철거덕 기계 돌아가는 소리 여전하겠지요. 오빠는 지금 무엇을 하고 계실까? 잠을 자고 계실지도 몰라. 왜 이렇게 보고 싶을까. 학교에서도 하나하나 생각하면 눈물이 나와요. 집에는 추수가 다 끝났어요.

오빠 제가 편지를 하면 소식이 없으니까. 괴로워 죽겠어요. 오빠 답장 좀 꼭 해주세요. 이만 글을 줄이겠어요.
안녕히 계십시오.

1975년 11월 18일 8시 37분
동생 종란 올림

전깃불 앞에서 공부하면 졸리지도 않고…

오빠

그동안 얼마나 추위에 사무실에서 수고가 많으십니까.

저는 오빠 덕분에 학업에 충실하고 있습니다. 오빠 저번에 편지 못 받아보셨는지요. 이번에는 꼭 답장 좀 해주세요. 저는 오빠가 바쁘다는 것을 알아요.

이렇게도 세월이 빠르군요.

저는 이제 중학교 2학년, 재현이는 고등학교에 진학하게 되지요. 너무나 고달픈 것 같군요. 고교진학은 중앙고등 서야고등을 냈데요. 오빠 들어갈 곳이 없어서 ㅇㅇ고등학교를 들어간대요. 그게 참 무엇인지요.

저는 요즘 운동을 하다 보니 저녁 늦은 시간에 집에 오게 되는군요. 오빠 이젠 여기도 전기를 사용하게 되는군요. 우리는 70,000원을 내게 되는군요. 농사터대로 내게 되니까요.

등잔불 밑에서 공부를 하다가 전깃불 앞에서 하면 졸음도 안 오고 밤이 가는 줄 모르게 간다더군요.

이만 펜을 놓겠어요.

저는 중학교 2학년, 재현이는 고등학교에 진학하게 되지요

일과표

아침 05:00~06:00 공부 / 07:00 청소 / 08:00 등교 / 09:30 학업 시작 / 12:50 점심시간 / 13:50 오후 수업 시작 / 15:30 수업이 끝나고 16시부터 운동, 17:00 집에 도착하면 18:00 / 저녁 먹고 20:00부터 자정까지 공부, 이렇게 일과를 보내게 되는군요.

1975년 12월 7일 01시 22분
동생 종란 씀(엽서)

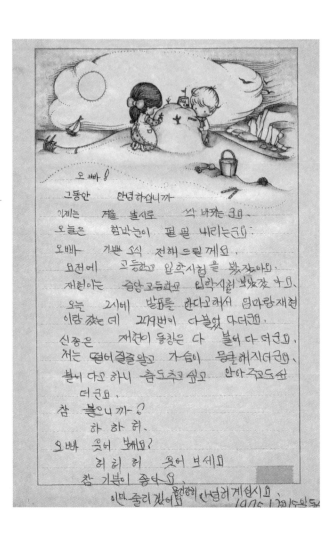

오빠!

그동안 안녕하십니까

이제는 겨울 날씨로 싹 내꼈는걸요.

오늘은 함박눈이 펄펄 내리는군요.

오빠 기쁜 소식 전해 드릴께요.

요전에 고등학교 입학시험 을 봤잖아요.

재현이는 중앙고등학교 입학시험 봤았죠 나요.

오늘 2시에 발표를 한다고해서 엄마랑재현

이랑 갔는데 279번이 다붙었다더군요.

신종은 재현이 동창은 다 붙어 다더군요.

저는 떨어질줄알고 가슴이 뭉클해지더군요.

붙어 다고 하니 춤도추고싶오 안아주고도싶

더군요.

참 붙으니까?

하 하 리.

오빠 웃어 보세요?

허 리 리 웃어 보세요

참 기분이 좋다요.

이만 줄이겠어요. 안녕히 계십시요.

1976 1 그15두5

합격하니까. 춤도 추고 싶고 안아주고
싶더군요. 하 · 하 · 하 ·

오빠!
그간 안녕하십니까?
이제는 겨울 날씨로 싹 바뀌는군요.
오늘은 함박눈이 펄펄 내리는군요. 오빠 기쁜 소식 전해드릴게요.

이번에 고등학교 입학시험을 봤잖아요. 재현이는 중앙고등학교 입학
시험을 보았잖아요. 오늘 오후 2시에 발표를 한다고 해서 엄마랑 재
현이랑 갔는데 수험번호 279번이 보였다더군요.

신종리 재현이 동창은 다 합격했다더군요. 저는 떨어질 줄 알고 가슴
이 섬뜩해지더군요. 붙었다고 하니 춤도 추고 싶고 안아주고도 싶더
군요. 참 합격하니까. 하, 하, 하…

오빠 웃어보세요. 허, 허, 허, 웃어보세요. 참 기분이 좋잖아요.

오늘은 이만 줄이겠어요.
몸 건강히 안녕히 계세요.

1975년 12월 15일
동생 종란 올림

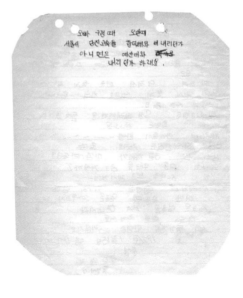

금성 텔레비전을 사 왔어요.
저녁이면 아이들이 한 방!

오빠 전 상서

그동안 몸 건강히 안녕하십니까? 편지와 사진 잘 받아보았습니다. 학교에 다니고 편지도 써야하니 바쁘더군요. 그리하여 이제야 펜을 들게 되었군요.

오빠 편지 늦게 썼다고 화내지 마십시오. 오빠 제가 사과해요. 오늘 금성 텔레비전을 들여왔어요. 화면은 잘 나와요. 저녁이면 이웃집 아이들이 한 방이지요.

금액은 150,000원 할부로 사 왔답니다. 남은 금액은 3월까지 마감이라고 합니다. 오빠는 지금 무엇을 하고 계실까요. 사무를 보고 계시겠지요. 어머님 생신은 무사히 넘기고…

이만 구정 때 얼굴을 찌푸리지 말고 새로운 얼굴로 다시 만납시다. 이만 펜을 놓겠어요. 부디 안녕히 계십시오.

1976년 1월 15일
동생 종란으로부터

추신: 오빠 구정에 오실 때 서울에서 당진 고속버스를 타고 합덕에서 내리든가 예산에서 내리는 게 좋다고 합니다.

언니를 잘 섬겨서 내 좋은 언니가 되길
하나님께 맹세했어요

오빠 전 상서

오빠, 언니, 석겸 오빠께서도 무사히 도착하셨겠지요. 어떤 언닌가
보고 싶던 중에 언니와 오빠가 오서서 반가웠어요.

오빠 언니께서는 초행길에 오시느라고 수고 많으셨지요.
저는 언니께 말을 걸으려고 해도 말이 안 나오더군요. 오빠 3월 초에
오신다면서요. 꼭 오세요. 언니 데리고…

오빠, 저는 언니를 잘 섬겨서 내 좋은 언니가 되길 하나님께 맹세했어
요. 오빠는 회사 일에 충실하시겠지요. 저희도 며칠 있으면 학교에 나
가겠지요. 대전에 사시는 종진이 오빠는 아직 안 갔어요.

오빠 편지 늦게 했다고 오해하지 마세요.
그럼 몸 건강히 안녕히 계세요.

1976년 2월 6일
종란으로부터

오빠 전

　오빠　　받아 보세요

그동안　몸건강히 안녕하셨어요.
요전에　언니 한테 편지 왔어요.
무사히 다녀 가셨다고요.
오빠 편지좀 해요.

오빠가 바쁘시다는 것은 저도 알아요. 그래도

　　　답장좀 해요 오빠 ---

저희들도 몇일 있으면 치과 이제는 학업
에 열중 해야지.

가게는 방문도 닦아 놓고.

밤이면 저녁에 생밤을 가지고 나가 불을 놓고
밤을 뷁어 뭐고 재미있게 놀지요.　　　　　햄찬
오빠도 어렸을때 이런일이 있었겠지요.　　(25일 까지 지
오빠 어렸을 때의 생각을 해보세요.　　　약속 어떻게
웃음 이 나오겠겁요.　　　　　　　　　　
　오빠 주신책 고맙게 잘 봤어요.　　　안녕히 계십시
　　　　　종란 드림

언니한테 편지가 왔어요

오빠 전

오빠 받아보세요. 그동안 몸 건강히 안녕하셨어요. 요전에 언니한테 편지가 왔어요. 무사히 다녀가셨다더군요.

오빠 편지 좀 하세요. 오빠가 바쁘시다는 것은 저도 알아요. 그래도 답장 좀 해주세요. 저희도 며칠 있으면 개학, 이제는 학업에 열중해야죠.

이제는 보름도 다가오고 보름이 되면 저녁에 성냥을 가지고 나가 불을 놓고 밥을 볶아먹고 재미 있게 놀지요. 오빠도 어렸을 때 이런 일이 있었겠지요. 오빠 어렸을 때를 생각해 보세요.

웃음이 나오겠지요.
오빠가 보내 주신 책 고맙게 잘 읽겠어요.

텔레비전 값 25일까지 약속 하신 금액 어떻게 됐어요?

대보름날은 불을 놓고, 밥을 볶아먹고, 재미있게 놀지요

1976년 2월 13일
종란 드림

오빠 전 상서

보내 준 편지 받고 좋았어요

오빠 어떻게 된 일이에요?

전보가 먼저 왔는데 어머님 월

요일에 오시지 않아도 된다고 하더니

다음에 또 편지 깍에는 어머님 월요일에

오세요 썼대요.

저히 쌓은 편지는 일찍 보냈는데

늦게 들어오고 전보는 바쁜데 보내는

것이니까 얼마 가시는 것 아니죠—

오빠

저는 오빠 턱분에 학업에 열중

하고 왔어요.

오빠 저히 선물 듬뿍 아사와

두 좋아요---

말씀은 고마와요.

오빠 안녕 하시겠고

저히 들도 모두들 잘있어요.

종진이 오빠는 아직 안갔어요,

미옥 언니 정인 언니는 모두들 갔어요

이만 끝을 놓겠어요

안녕히 주무십시요

종란 올림

1976年 2月 18日

미옥이 정인이 언니는 갔고요.
종진이 오빠는 아직 안 갔어요

오빠 전 상서

보내 준 편지 받아보고 기뻤어요. 오빠 어떻게 된 일이에요? 전보가 먼저 왔는데, 어머님은 월요일에 오시지 않아도 된다고 하시더니 다음에 또 편지에는 월요일에 오세요. 라고 썼더군요.

저희 생각에 편지는 일찍 보냈는데 늦게 들어오고 전보는 바쁠 때 보내는 것이니까 라고 생각했어요. 엄마 가시는 것 아니겠죠?

저는 오빠 덕분에 학업에 열중하고 있어요. 저희 선물은 듬뿍 안 사와도 좋아요. 말씀이 고마워요. 저희도 모두 잘 있어요. 오빠도 안녕하시겠지요.

종진이 오빠는 아직 안 갔어요. 미옥 언니, 정인이 언니는 모두 갔어요. 이만 필을 놓겠어요.
안녕히 주무십시오.

1976년 2월 18일
종란 올림

오 빠 전

받아 보세요.

그동안 안녕하셨읍니까?

어머님은 밤 10시 30분 경에 오셨더래요.

점심 때 떠나 왔나 보지요.

어머님 께서는 외삼촌 대 에도 갔

다 오셨나봐군요.

힘만 없더래요.

외삼촌은 아직 취직 자리를 구하지 못

했대요.

언니도 몸건강히 안녕 하시겠지요.

오빠 아버지 생신때 오실 런지요.

오빠~ 저는 기달랐는데 안 오시더군요.

저희 들은 봄방학을 줘 재미있게

놀고 있어요.

준진이 오빠 는 또돈을 뭐어 살라고

왔는 데 뭐희 못 먹는 다고 갔어요.

저희 들은 뭐일만 있으면 학원에 연중

하게 되지요.

이만 펜을 놓겠어요.

다음 소식도, 안녕히 계십시요.

1976년 3월 2일

형편없더래요

오빠 전
받아보세요. 그동안 안녕하셨습니까?

어머님은 밤 8시 30분경에 오셨더군요. 점심 때 떠나셨나 봅니다. 어머님께서는 외삼촌 댁에도 다녀오셨나 보더군요. 형편없더래요.

언니도 몸 건강히 안녕하시겠지요.
오빠, 아버지 생신 때 오실런지요.
오빠 저는 기다렸는데 안 오시더군요.

저희는 봄 방학을 맞이하여 재미있게 놀고 있어요.
종진이 오빠는 또 돈을 얻어달라고 왔는데 도저히 못 얻는다고 갔어요.

저희는 며칠 있으면 학업에 열중하게 되지요.
이만 펜을 놓겠어요.

다음 소식 또 안녕히 계십시오.

1976년 3월 2일
종란 올림

오빠 전

오빠 반가 워에요.

그동안 아무일 없이 안녕 하셨어요.

집에도 아무일 없이 모두잘 있어요.

저는 오빠 덕분에 덕분에 학업에 열중

하고 있어요.

오빠 제가 편지 랜 것을 못받아 보았어요.

어머님 께서는 왜 이렇게 편지가 안오냐고 하시면서

내일올가나 오늘올줄 알았더니 안오네 무엇대문에

편지가 안올가 하시 면서 걱정만 하서요.

오빠 요번만은 편지좀 하세요.

금강 좀이 나서 그래요. 오빠가 오면 식구들이 모두좋아 하겠지요.

오빠 적지에 나가 있다고서 편지를 안하면 안되겠에요.

오빠 종선이가 5월에는 입학식을하고 6월부터 학업에

열중 해요 재선이도 5월부터 학교에 다니기 시작해요.

오빠 요번 만은 편지좀 써주세요.

1976년 3.10일

동생 으로부터

왜 편지가 안 오는지 한숨만 쉬십니다

오빠 전

그동안 안녕하셨어요? 집에도 아무 일 없이 모두 잘 있어요. 저는 오빠 염려 덕분으로 학업에 열중하고 있어요. 오빠, 제가 편지 보낸 것을 못 보셨나요?

어머님께서는 왜 이렇게 편지가 안 오냐고 하시면서 "내일 올라나, 오늘 올 줄 알았더니 안 오네" 하시면서 편지가 왜 안 오는지 한숨만 쉬십니다.

오빠, 이번만은 편지 좀 하세요. 궁금증이 나서 그래요. 편지를 받으면 식구들 모두 좋아하겠지요. 오빠 종인이도 5일 입학식을 하고 6일부터 학업에 열중하게 돼요. 재현이도 5일부터 등교하고요.

이번만은 편지 좀 해주세요.

1976년 3월 10일
동생으로부터…

웃으면서 살아보세요

오빠 전

그동안 별고없이 안녕하신지요. 오빠 제대로 서신 한 장 못해 죄송하기 짝이 없어요. 며칠 전에 언니한테 편지가 왔더군요. 오빠 왜 화가 나셨어요?

언니께서는 오빠가 화가 나면 은근히 무섭데요. 오빠 화내지 마시고 조용한 가운데 명랑하고 웃으면서 재미있게 살아보세요.

오빠 앞으로는 화를 내시지 말고 조용하게 사서요. 화내시면 무엇이 되겠습니까. 오빠 서신 한 장 제대로 못 해서 죄송합니다.

집에도 별고없이 잘 지내고 있어요. 오빠 염려 덕분에 저희도 학업에 열중하고 있어요. 지금 농촌은 한창 바쁘지요. 논에 가서 못자리판에 맥질하고, 밟고, 밀고해서 옷도 버리고 일하는 걸 보면 재미도 있고 화풀이가 돼요. 어떤 일은 해도 실증이 안나고 잘하다가도 또 어떤 일은 화가 나지요.

오빠 객지 생활이 참 어렵지요. 저도 어려운 것 알고 있어요. 어느 땐 다 치워버리고 오고 싶은 생각, 어느 땐 잘해서 수확을 보고 싶은 생각이겠지요. 오빠 서신 받은 지도 오래됐어요. 이만 펜을 놓겠어요. 오빠 답장 좀 하세요.

다시 만날 때까지 안녕히 안녕히…

동생 종란으로부터

1976년 4월 26일

저희는 아직 소풍을 안갔어요

"오빠"

받아보세요. 달력도 쓸쓸하게 한 달이 넘어가고 벌써 7월이 다가오는군요.

오빠, 언니한테 편지 반갑게 받아보았어요. 어느덧 그동안 별고없이 안녕하셨습니까? 보고 싶어요. 저는 오빠 언니 덕분에 학업에 열중하고 있어요.

오늘은 6일 석가탄신일, 어제는 어린이날이고 해서 놀았어요. 학교에서는 이것저것 하다 보면 바쁘지요. 펜을 들을 시간이 없어요.

5월 30일은 모내기를 하는데 엄마하고 약속하신 것 어떻게 되냐구요. 저희는 아직 소풍을 안 갔어요. 다른 사람은 다 갔는데 우리 학교만 안 간 것 같아요.

재식이는 이번 어버이날 가기로 했데요. 저희는 7일 가려고 했는데 3학년이 속리산으로 가는데 자동차가 없어 1~2학년하고 같이 간다고 합니다. 그리하여 18일 간데요.

오빠!

이번 양력 22일 토요일 할아버지 제삿날이래요. 어머님께서 오셨다 가시라는 분부 이십니다. 토요일이고 하니 점심 식사하고 오시면 되잖아요. 오빠 꼭 오세요.

다음 소식 전할 때까지 안녕히 계세요.

1976년 5월 6일 목
동생 종란으로부터

오빠.

따뜻한 봄날씨

오빠 무사히 도착 하였겠지요.

저는 학업에 물두 하고 있어요

오빠 주신돈 고맙게 잘 받 왔어요.

오빠 하시는 것도 없이

오시는 나까 고생

가시는 " "

어려 우시 지요 오빠

오셔서 뵈 수있었 던것은 보았으니까.

그래도 보고싶어요. 전에도 30분씩 못내기한다 대요

이제는 바빠서 어제 볼빛을 모르겠지요

오빠 날씨가 너무 뜨거우니까 수면시간에도 신경질나서 나데

려요   오늘은 30° 가 넘가니까 여직 어쩔줄을 뿔글

모르겠어요.

수면시간 에도   수업은 많지 짜증만 나요.

체육 시간 에도   반끌 없으면 다워 4 땀이막나요.

이만 다음 에 편하가로 하고

안녕히 계십시요

1996. 5. 29

종란 ·올림

집에는 30일 모내기를 한다네요

오빠

따뜻한 봄 날씨 무사히 도착하셨겠지요. 저는 학업에 열중하고 있어요. 오빠가 주신 돈 고맙게 잘 받았어요.

오빠, 하시는 것도 없이 오시느라고 고생, 가시느라고 고생! 어려우셨지요. 그러나 오빠! 오셔서 보고 싶었던 얼굴은 보았으니까 좋지요. 하지만 그래도 보고 싶군요.

집에는 30일 모내기를 한다네요. 이제는 바빠서 눈코 뜰 새 없어요. 오빠 날씨가 너무 더우니까 수업 시간에 신경질만 나더군요. 오늘은 섭씨 30도가 되니까 더워서 어찌할 줄을 모르겠어요. 수업 시간에 수업은 안 되고 짜증만 나네요. 체육 시간에 반팔을 입어도 더워서 땀이 나요.

이만 다음 소식 전하기로 하고 안녕히 계십시오.

1976년 5월 29일
종란 드림

오빠 !

그간 안녕 ○○○요

집에도 아무 별고 없이 모두 안녕해요

저는 오빠 덕분에 학교에 잘다니고 있어요

집에는 모두가 다 편있어요

오빠 서신 한장 제때도 못해 죄송 스뤠ㅁ어떼요

그학년에 올라가 1학년의 생각하면 ㅂ아쉽 아쉬웁게 느꼈어요

오빠 저의 편지 못받아 보았어요

저번 언니 한테 편지 왔어요

전충사에 다녀 ㅇ가쟀다 뗘써요

사람이 무척이나 많다고 요.

이만 펜을 놓았어요

안녕치 계엄시요

1976 . 1. 18일

조반이가도 돈을 못얻어서 80명. 동업 ○○드림 ○○○이라는 없어서올어 ○간2고
○이는 모를 ○ 비용비를 못주어서 너무 광치 열어리라 하도니, 거기에 서도
○어 돌아 ○래요. ○000원과 가을에 ○○다고요

돈 좀 부쳐 달래요. 50,000원,
가을에 갚는 다고요

오빠!

그간 안녕하셨는지요. 집에도 별고없이 무사하답니다. 저는 오빠 덕분에 학교를 잘 다니고 있어요.

집에는 모내기가 끝났어요. 오빠, 서신 한 장 못해서 죄송할 뿐이에요. 2학년에 올라와 아쉬운 1학년을 생각하면 퍽 아쉽게 보냈어요.

저번 언니한테 편지가 왔어요. 현충사에 다녀가셨다면서요. 사람이 무척이나 많다고 하더군요.
이만 필을 놓겠어요.

안녕히 계십시오.

1976년 6월 19일
동생 종란 드림

추신: 조합에서 돈을 못 얻어서 그곳에서 조금이라도 도와 달라고 하더군요. 집에서 모를 심고 노임을 못 주어서 골치가 아프니 거기에서 돈 좀 부쳐 달래요. 50,000원, 가을에 갚는다고요.

오빠 전!

그동안 몸가강이 안녕하 십는지요.

저는 베드텐트를 치고 들어 와서 뎀운들 있어요.

오빠의 곁여 더넘에 학업에 열중하고 있어요.

이제는 1학기가 지나고 여름방학도 몇일 남

지도 않았지요.   강조 중학교는 7월 30

일날 방학이 시작이라 는것 같더군요.

저의들은 24일날 부터 실시되가지고 8월

22일까지 인데요 1달도 못되고 28일께예요

종영이도 아직 방학을 안 주었어요.

오두들 다 알어주었어요

재현이도 몰벙에가서 방학을준다 는것 같더군요

아직 재현 편지 안들어 갔지요.

써 놓고만 말았 G3요

진에서는 논에 농아를 어서 심어 놓은 논

에는 다병이 걸려 가지고 저희들한테

만 신정걸을 부린다 요. (행하지 못히까요

엄마는 몇일 전에 아파 가지고

굴역이 없어 가지고원 집에 누가 아프

면은 마음을 못놓겠어요.

답장좀 꼭해요 이만으로 떼오 놓겠음니다 1976.7.17

맨날 싸우는 집은 우리 집밖에 없어요

오빠 전

그동안 몸 건강히 안녕하셨는지요. 저는 배드민턴을 치고 와서 펜을 들었어요. 오빠의 염려 덕분에 학업에 열중하고 있어요.

이제는 1학기가 지나고 여름 방학이 며칠 남지 않았어요. 강화중학교는 7월 30일 방학이라더군요. 저희는 24일부터 시작되고 8월 22일까지인데요. 한 달도 못 되고 28일이에요.

종인이도 아직 방학을 안 주었어요. 모두 다 안 주었어요. 재현이도 말일경 방학을 준다는 것 같더군요.

아직 재현이 편지 안 들어갔지요? 써 놓고 말았더군요.

집에서는 모내기를 한 모(벼의 싹)가 병에 걸려서 저희한테 신경질만 부리곤 한답니다. 논에 약을 주려고만 하면 맨날 싸우는 집은 우리 집밖에 없어요.

엄마는 며칠 전부터 아파서 큰일입니다. 집에서 누가 아프면 마음을 못 놓겠어요. 이만 펜을 놓겠습니다. 답장 좀 해주세요.

집에서 누가 아프면 마음을 못 놓겠어요

1976년 7월 19일
동생 종란 올림

아버지도 "야, 나는 올 줄만 알았다." 하시더군요

오빠 전!
종인 재현이는 무사히 도착하였더군요. 오빠 언니도 별일 없으시다니 좋아요. 이곳에도 모두 무고하시지요.

오빠, 왜 오신다고 하고 안 오세요. 집에는 꼭 올 것만 같다고 해서 기다렸는데 안 오시잖아요. 비가 오나 눈이 오나 오셨다 가셨으면 좋았을 걸 엄마도 오실 줄 알았는데 왜 너희들끼리만 왔느냐고 하시잖아요. 아버지도 "야, 나는 올 줄만 알았다." 하시더군요.

오빠!
편지가 없어서 싸운 줄만 알았다고요. 아니에요? 오빠께서는 왜 편지를 안 했어요. 오빠 한 번 오셨다 가셨으면 좋았을 텐데…

얼마 남지 않은 추석도 24일 지나면 되지만 그래도요. 오빠, 편지라도 자주자주 하세요. 오빠, 언니 방도 옳기고 오빠 방도 옮겼다면서요. 오빠 체중도 줄었다면서요.

오빠께서는 방을 옮길 때마다 깔끔치가 안아요. 어째 그런지요. 밥 좀 많이 잡수시고, 기운도 내시고, 정신 좀 차리세요. 오빠 체중 좀 많이 늘리세요.

밥값은 돈대로 내고 밥은 안 잡수시고 어머니도 걱정을 하십니다. 오빠 체중 좀 늘리세요. 어제가 토요일 오늘이 일요일이고 해서 오셨으면 좋았을 텐데…

오빠 그곳은 비가 많이 왔나 봐요. 재현이 종인이 말을 들으니까 그
러데요. 여기는 별로 비가 많이 안 왔어요. 바람이 불어서 그렇지 비
는 별로 안 왔어요.

이발소 동완이 오빠도 저보고 오빠한테 편지 왔냐고, 집에 오셨냐고
묻데요. 오신 줄만 아셨나 봐요. 이만 필을 놓겠어요. 답장 좀 자주
하세요.

1976년 8월 15일
동생 종란으로부터…

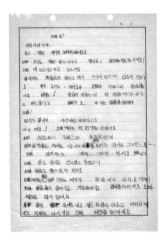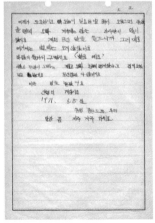

더 좋은 노력으로 끝맺음을 하세요

오빠!

"타향은 싫어 고향이 좋아~~"

안녕하십니까? 보내 주신 편지는 잘 받아보았어요. 오빠 고향을 떠나신 지가 몇 년이에요? 타향살이가 무척이나 어려우시겠지요. 오빠 편지 읽으면서 눈물이 흘러나왔어요. 타향은 싫어 고향이 좋아 노래도 있잖아요.

하지만 오빠께서 시골에 내려오신다고 합시다. 그러면 농사일도 못하고 또 올라가게 돼요. 그러니까 오빠 좀 더 참으시고……

오빠 그러면 객지 나가서 일 한 보람이 없잖아요. 오빠께서는 타향살이가 싫어서 편지에는 '타향이 싫다'고 쓴 거 같아요.

처음 시작했으니 끝까지 아무 생각 마시고 꾸준히 더 좋은 노력으로 맺음을 하세요. 다시 한번 당부하지만요. 처음 시작한 것을 끝맺음 하세요. 객지에 나가서 고생한 보람이 없다고 어머니 아버지께서도 말씀을 하시지요. 누구든지 고향이 좋은 줄은 알지요.

우리 작은오빠 묘는 재현이가 풀을 깎아 주었데요. 저희 생각에도 좀 더 참으셔서 끝마무리를 잘하세요. 어머님 편지 받아보시면 아시겠지요.

부모 형제 떼어놓고 객지에 나가 있으니까. 집 생각 나시겠지요. 더군다나 방은 큰데다가 2층까지이니까 쓸쓸하기 짝이 없겠지요. 조금만 고생하시면 이 다음에 행복하게 사시잖아요.
얼마 앞둔 추석에는 튼튼한 몸과 밝은 얼굴로 봅시다.
이만 안녕히 계십시오.

막상 펜을 들고 쓰려고 하니까. 말이 안 나오는군요.

1976년 8월 29일
동생 종란으로부터

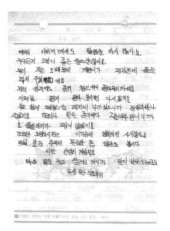

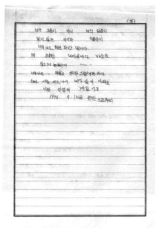

우리 집은 왜 온순하지 못하고 싸움이
잦을까요. 저는 그런 때 마음으로 울어요

오빠, 가을 날씨가 왜 이렇게 춥습니까. 무사히 도착하셨겠지요. 추석이라고 추석 같지도 않고 토요일도 토요일 같지 않은…
오빠, 오시느라고 가시느라고 고생만 하셨겠지요. 오빠 펜을 들으니 글씨가 돌아가질 않는군요.
저는 펜을 들면서…

우리 집은 왜 온순하지 못하고 떠들썩할까요. 그런 것도 유전인가 봐요. 아버지는 안 하시던 버릇까지 하시고…

옛 속담에 세 살 버릇 여든까지 간다고 했는데 아버지께선 그런 것을 모르시나 봐요. 아버지는 점점 머리가 하얘지시고 늙어가면서 왜 미련을 떨까요.

아버지께서는 한마디 가지고 몇 번이고 곱씹는 버릇, 그것이 바로 세살 버릇 여든까지 가나봐요. 어느 때는 저 혼자 마음으로 울어요.

저는 우리 집이 이렇다면 못 살 것만 같아요. 왜 그런지 어이가 없어요. "아이고 참…" 이런 한숨이 자꾸만 나와요. 우리 집이 어떡하면 잘사나 이런 생각은 안 하고 맨 어떡하면 집에 가서 행패를 부릴까.

아버지는 이런 생각만 하시나 봐요. 술을 안 잡수실 때는 부처님보다 점잖은데 술만 잡수시면 자기 마음이 아니고 딴 마음이에요.

다른 아버지들께서도 술만 잡수시면 자기 마음이 아닌가 봐요. 술도 하루에 한 잔씩만 잡수시면 괜찮은데 아버지께서는 뭐 말도 못 해요. 저는 학교에서 수업도 안 되더군요.

오빠께서 가시던 날도 저는 수업 시간에도 지금 어디쯤 갈까 그런 생각만 나더군요. 추석날은 천안에서 교통사고가 났다고 하여 가슴이 철렁하더군요.

언니께서도 잘 가셨겠지요. 엄마 보고도 그런 얘기를 하니까. 몇 시쯤이냐고 그런 걸 다 물어보더군요. 6시쯤이라고 하니까. 그럼 언니는 다 들어갔겠지 하더군요.

이 소녀는 지금 책상에 앉아 글을 쓰고 있습니다. 이틀 저녁이나 있으면서 방에 앉아 재미있는 이야기를 오순도순 나누면서 이야기를 못 하고 헤어진 것이 너무나도 서운해요.

오빠, 시조를 한 번 읽어 보세요. "네가 없는 이 시간은 너무나도 쓸쓸하다. 너의 호흡이 아니 너의 입김이 닿지 않는 이 시간 이 방이 너무나도 허전하단 말이다. 왜 조용한 내 마음에 괴로움을 일으켜 놓았는지… 너무나도 밉고 원망스럽기만 하다."

오빠, 시를 쓰고 나니 내 가슴이 아파요.
이만 안녕히 계십시오.

1976년 9월 14일
종란으로부터

오빠 전

오빠 그동안 안녕 하셨는지요

쌀쌀한 가을 날씨가 제법 쌀쌀한 게 도 추운 지요

편지가 늦어 너무 나도 죄송한 다 올 립니다

오빠 저는 언니 오빠의 덜어 편지에 몸건강히 공부

잘하고 있어요

집에는 벼를 베다 놓고 한편에 쌓였어요

꽃 딸 하고 사거사려는 다 베었나 봐요.

일요일날에는 벼 베다가 비가 그만 그치고 어제서야 베었

어요 오빠네 무사히 도착 하였겠지요.

편지를 한나 해도 편히 잡히지 않는군요

지난 제의 운동때에 보내지도 못하고 가웠지요

재미 있었어요.

졸업생 편지는 안읽었어요 ?

겁이 차웠겠지요 ― 안읽었어요 빼먹고 했나 봐요.

일찍 심은 벼는 5분 내지 10되었다가 베다 먹고

벼가 다 없 찾어 베기가 너무나도 어려웠더래요

사람도 5천 분의 보게 10만 이 들었대요

다른 집도 많였 지 어려웠대요

오빠 그럼 이만 몸 건강히 공부하며 93

안녕히 계십시요 1996년 1월 6일

"벼가 넘어져서 베기가 어렵다고 합니다."
일꾼도 다섯 명이면 될 것을 열 명이 들었다고 하더군요

오빠 전

오빠 그동안 안녕하셨는지요. 쌀쌀한 가을 날씨가 왜 그리 추운지요. 편지가 늦어 너무나도 죄송할 따름입니다.

오빠, 저는 언니 오빠의 염려 덕분에 몸 건강히 공부 잘하고 있어요. 집에는 벼를 벤 곳도 있고 안 벤 곳도 있어요. 젖탈하고 사가사리는 다 베었나 봐요. 일요일은 벼를 베다가 비가 와서 중단하고 어제서야 베었어요.

오빠는 무사히 도착하셨겠지요. 저는 편지를 한다고 해도 펜이 잡히지 않는군요. 지난번 재식이 운동회 때 보시지도 못하고 가셨겠지요. 재미있었어요. 졸업생 경기는 안 뛰었어요.

원장논과 시논은 5~10일 지나면 베게 된다는군요. 벼가 넘어져서 베기가 어렵다고 합니다. 사람도 다섯 명이면 될 것을 열 명이 들었다고 하더군요. 다른 집도 벼가 엎쳐서 힘이 들었다고 합니다.

오빠 그럼 이만 감기 조심하세요.

1976년 10월 6일
종란으로부터

오빠!

그동안 몸건강히 안녕 하셨는지요.

오빠 박나도 출입요.

몇일 전에 오빠 편지 왔더군요

엄마 오셔서 상의 하신다고 하셨는데 엄마는 지금 못가 오네요.

그일날 박섭이 끝나 편은   가신대요

몇일 전에 내린 눈은   다른것은 버도 터네히 갔대요.

오빠 저희 편지   못받아 보셨는지요?

저희 들은 안녕 오빠   멀리 지분에 학교에 갔다니

고있어요   오빠 너무나도 추위 사국보기 에도

     떨려 지네요.   눈물도 될 났어요

     집에는 아직 바섭은 다 안했어요

     그럼 엄마는   박이랑께고 가신다는 걸로 하시고

     안녕히 계셨으면   엄마의 음성도 오빠/ 오늘내일 엄마

기다리서 찾있나요 그러대요   그럼을 사세요

              IP76 11.2일 동생이쓴음

바심(타작)은 아직 안 했어요

오빠!

그동안 몸 건강히 안녕하셨는지요. 오빠 날씨가 너무나도 춥군요. 며칠 전에 오빠 편지 왔더군요.

엄마가 가서서 상의하신다고 하셨는데 엄마는 지금 못 가신데요. 오빠 저희 편지 못 받아 보셨는지요.

저희는 오빠 언니 덕분에 학교에 잘 다니고 있어요. 오빠 너무나도 추워서 사무 보기에 떨리지요. 얼음도 얼었어요. 집에 바심은 아직 안 했어요.

그럼 엄마는 바심하고 가시는 걸로 아시고 안녕히 계십시오. 엄마의 말씀도 오빠가 매일 엄마를 기다리시겠다고 그러데요. 그런 줄 아세요.

1976년 11월 2일
동생 띠움

식구들이 가시면 너무나 허전해요

언니 오빠 전

언니 오빠 너무나도 쌀쌀한 날씨에 여행은 안녕히 잘 다녀오셨는지요. 좀 더 있다 가셨으면 재미있게 놀았겠지요.

오빠께서 가시던 날 저녁에 원성골에 계신 준식이 아저씨하고 재미있게 놀았어요. 말로는 신랑이 없어서 재미가 없다고들 하시더군요.

대전 이모께서도 7일 날 가셨어요. 가기가 싫어서 아침부터 가신다고 하시고 저녁 6시에서야 가셨다고 하더군요.

이제야 잔치가 다 끝났어요. 잔치를 하는데 비가 내리고 눈발이 내려 구질구질했습니다. 학교에 다니면서 교복에 눈이 내리면 기분이 좋아요.

오빠 언니께서 떠나시던 날 대문에서부터 발걸음이 잡히질 않았어요. 별생각이 다 떠올라 집 옆으로 돌아가고 싶었어요.

어머님 아버지들께서도 가신다고 하더군요. 이모 외할머님도 어머니 가시는 날 가실 거예요. 누가 오시고 가실 때가 되면 그렇게 기분이 나쁠 수가 없어요.

이제 엄마 아버지, 집안 식구들이 다 가시면 너무나 허전하겠지요.
언니 오빠께서도 서운하긴 마찬가지이겠지요. 이제는 정월에나 오시
겠지요.
안녕히 계세요.

1976년 12월 9일
종란 올림

To 에이스 오빠.

저희들은 무사히 도착했어요.

강화에서 떠나 버스 차창으로 왔을때 밀파나 가
분이 상했는 지 몰라

어머님께서도 어제 8시 됐는데 집에 도착 하였더라
어머님께선 30일날께 올라가시겠고

가신다더군요.

Pen을 들으니 무어라 쓸말이 없군요

고개숙인 황금들산에 멀리서 들려오는
민레퀘 흔들리곤 해요

오빠 마음 잡으세요.

둘쯤 많은 회사 생활 그만둔다 까지만
천안에 분쉰 입니다.

제가 좋았 거라나 것 같어요

오빠 답 잡으시고 어머님께 물어보니까
편세 아니라더군요. 사람 도저도 없어요.

오빠 모두들 안녕 하시겠지요

천순아줌아 재현오빠 안녕 하시겠지요

오빠 그럼 끝으로 남기 조심 하시고

활기 펴세요

천순 아줌아 재현오빠 오빠 안녕히

동생 으로 부터
1977 1월 27일 목

"회사를 그만둔다." 천만의 말씀입니다.

TO. 에이스 오빠

저희는 무사히 도착했어요. 그곳을 떠나 버스 차창으로 보았을 때 얼마나 기분이 상했는지 몰라요. 어머니께서도 저녁 8시가 됐는데 집에 도착하셨더군요. 어머님께선 30일경에 올라가신다더군요.

pen을 들으니 무어라 쓸 말이 없군요. 고개 숙인 황금 들판에 들려오는 밀레의 그림처럼 흔들리곤 합니다.

오빠, 마음잡으세요. 들뜬 마음으로 회사 그만둔다. 하지만 천만의 말씀입니다. 제가 쫄밋거리는 거 같아요. 오빠 마음잡으시고 어머님께 물어보니까 전세 아니라더군요. 사람 오지도 않고요.

그럼 순 아줌마, 재현 오빠 안녕히~
활기 펴세요.

1977년 1월 27일 목,
동생으로부터

To 오빠

쌀 쌀한 겨울 날씨에 가족보기에 얼마나 고되 쉽니까

날씨가 너무나도 추워 움직리기만 싫어요

개는 날씨가 주워도 모이는 영봉관에 가서 스케이트를

타느라고 정신 못차려요

스케이트를 하면서도 움직리고만 싶은마음

처번이고 넘어 지면서 상근 이도 스케이트에 뼬 찰하지 싫어 엄마가져러

그동안 몸건강히 안녕 하셨어요

오빠의 멸려 해주시는 덕분에 몸건강히 이룸도

짤 왔삼니다 상근이도 자식이도 또

개학날을 왔두면서 이제 며칠 밖에

방학이랑 21일 세월도 아무계획없이 너무 하게 지겠고

계획표라 하니 늘기는 왔어도 실천이 옮기

저치 않는 사람이예요

이사가 늦겠는데 어머님께선 무사히 생활하사서

도착 잘 들 대지요 더게서도 좋지만 앉세서에서 되도 쪽어더로요

어머니께선 10틀만 지내시고요 집에로 오세요

오빠 어머님 화의 이야기 해주세요

너무나도 졸려서 그만 팔을 쓴

그럼 몸건강히 마음 고정하서요

안녕히 게세요

됩날에 꼭 우세요   오빠께

안녕히 주무세요

1977년 1월 30일 밤 0,30분

동산 종반 여름

스케이트를 타느라고 정신이 없어요

오빠

쌀쌀한 겨울 날씨 사무 보기에 얼마나 고되십니까? 날씨가 너무 추워서 움츠리고만 있어요.

저는 날씨가 추워도 얼음판에 가서 스케이트를 타느라고 정신이 없어요. 스케이트를 타면서도 움츠려지는 마음…

몇 번이고 넘어지면서도 다시 타고 싶은 스케이트, 상근이도 스케이트에 열중하고 있어요. 우리는 오빠의 염려 덕분에 몸 건강히 잘 있사옵니다. 상근이도 재식이도 모두 개학을 앞두고 있지요. 이제 개학할 날은 7일밖에 남지 않았어요.

겨울방학이라는 긴 세월 계획 없이 허무하게 지냈고, 계획표라고 써놓기는 했어도 실천을 못 하는 것이 사람이지요.

인사가 늦었는데 어머님께선 무사히 상경하셔서 도착하셨겠지요. 더 계셔도 되겠지만 일찍 오세요. 되도록…

어머님께선 열흘만 주무시고 집으로 오세요. 오빠 어머님한테 이야기해 주세요. 너무나도 졸려서 그만 펜을 놓고 싶어요.

그럼 몸 건강히, 마음 고정하시옵고, 안녕히 계세요.
설날 꼭 오세요. 오빠.

1977년 1월 30일 밤 10시 30분
동생 종란 띄움

무엇부터 해야 할지 모르겠어요.
마음이 안 잡혀…

오빠

볕이 쨍쨍 내리쪼이는 창가에서 먼 들판을 쳐다보니 왠지 박수도 치고 싶고 깊이 생각하면서…

아지랑이가 아물아물하는 들판, 산에는 진달래꽃이 활짝 피어 언니 누나 오빠 등 불러가며 같이 놀아지요.

그동안 오빠 안녕하셨겠지요. 저희도 오빠의 염려 덕분으로 공부 잘하고 있어요. 서신 한 장 제대로 못해 몸 둘 바를 모르겠어요. 저도 편지를 써 놓고 안 보낸 것이 7장이 되더군요.

오빠 이러니 이 몸은 어찌할 바를 모르겠어요. 이제는 신학기로써 앞으로 나갈 계획을 짜놓고 실천에 옮겨야 되겠지요. 계획표만 짜놓고 실천을 안 하면 안 되겠지요. 저부터도 다 하는 것은 없습니다만…

무엇부터 해야 할지를 모르겠어요. 마음의 틀이 안 잡혀 몸 둘 바를 모르겠으니 말이에요. 14일 저녁 MBC TV에서 네 살 먹은 어린아이가 천자 책을 떼고 풀이하더군요. 정말 감격스러운 일이 아니겠어요.

그 엄마 그 어린이가 학교에서 수업을 하는 꿈을 꾸셨다 하는데 정말 그런 아이는 어떻게 되었나 싶습니다. 제가 서신 못 보낸 것 이해하시고 그럼 이것으로 줄이겠어요.

1977년 3월 17일
화요일 밤 9시 25분 25초 동생으로부터

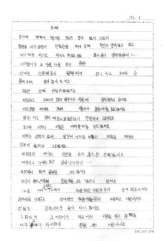

날씨가 또다시 쌀쌀한 날씨로 반해 지곤 합니다

구럭구럭 거리게도 비가 내리는 지봄.

오빠 몸긴강치 안녕 하시겠죠.

요세의 감기는 홍콩기감기를 넘으면 죽는 실녁 많다고 합니다

그리고 어머님 게시는 멫원더 있다가 강과에 가신다 데요.

오빠 식사는 잘하시는지요.

많이 많이 잡수세요.

멫일전 아버지 셍신때에 보내주신돈 잘받았어요.

아버지 셍신때 외할머니 께서도 오셨어요.

괴완늘 가셨어요.

오빠 식사 많이 하세요.

속이 쓰리다고 밥꺼지 안 잡수시면 되겠습니까

아버지께서도 아무것도 안잡수시는데

오빠 지금 저희동네 에라는 눈의여요 난데려 지봄 개량이다

뭣다 둔네가 모두 집을다 붓이고 지붐개량읗라 집을데

식을 침봉고 있는 나고요.

오빠 추석에나 연게 오려나도 1달만 있다오셔도

고향안갑고 그럴거예요. 나의둔네촌 별을거예요.

오빠 그럼 간단히 줄이고 안녕이 계세요.

식사 맣녀 많이 하세요.

1977년 3월 15일

동생으로 부터

개량한 지붕에 색을 칠하느라
마을은 난리예요

오빠에게

날씨가 또다시 쌀쌀한 날씨로 변하곤 합니다. 구질구질하게 비가 내리는 지금 오빠 몸 건강히 안녕하시겠지요. 요새 홍콩감기에 걸리면 죽는다고 합니다.

어머님께서는 며칠 있다 그곳에 가신다고 합니다. 오빠 식사는 잘하고 계시는지요. 많이 많이잡수세요.

며칠 전 아버지 생신 때 보내 주신 돈 잘 받았어요. 아버지 생신 때 외할머니도 오셨다가 21날 가셨어요.

오빠 식사 많이 하세요. 속이 상하다고 밥까지 안 드시면 되겠습니까. 아버지께서도 아무것도 안 잡수시는데, 오빠 지금 저희 마을에서는 난리예요. '지붕개량'이다 뭐다 모두들 지붕을 개량하고 색을 칠하느라고요.

오빠 추석 때나 언제 오셔도 고향이 아닐 거라고 느낄지도 몰라요. 오빠 그럼 간단히 줄이고 안녕히 계세요.

식사 많이 하세요.

1977년 3월 25일
동생으로부터

오빠.

가거면이 지날대마다 세월이 이렇
게도 빠른가 싶어. 왜이렇게 세월이 편론
데 뜨거운 날씨에 몸손에서나 오시께
나 바뻐시지요. 올해도 가뭄인가 비도
안와요. 논에 판게는 모내기. 또는 죽속
논 앉았는데 비가봐야 무척 속타지지만
그때의 염려 해주시는 덕분에 공부잘
하고와요.

오빠
어겨 편지 김 읽고 신경쓴만나지요.
우리들도 학교에서도 공부하면서 근실
더러 죽로라그래요.
그리고 먼저 편을 드니 또 하는대 옷첨내요.
제삭 때문에 온 보내 주신거. 그럭저럭 즘즘
썼읍니다.
멋자 쓴다는것이 길었군요.
No 010 안영히 게세요.
1977. 7. 3. 일

POST CARD
엽 서

150-20
경기도 강화군 강화읍 신문리 244
(유천 산업주식회사) 이 즘 의귀하

340-21
TO.
충남. 예산군 신용면 신종리ㅜ구
이 즘 란올림

재식 때문에 돈 보내 주신 것
그럭저럭 좀 썼어요

오빠

해가 지날 때마다 세월이 이렇게도 빠른가 싶군요. 뜨거운 날씨, 농촌에서나 도시에서나 바쁜 계절이지요.

올해도 가뭄인가 비도 안 와요. 논밭에는 모내기도 했고 곡식을 심었는데 비가 와야 무럭무럭 자라지요. 저는 오빠가 염려해주시는 덕분에 공부 잘하고 있어요.

오빠, 더워서 일하긴 싫고 신경질만 나지요. 우리는 학교에서 공부하며 더워서 죽을라 그래요.

그리고 먼저 펜을 들어야 하는데 못했어요. 재식 때문에 돈 보내 주신 것 그럭저럭 좀 썼어요. 몇 자 쓴다는 것이 길었군요.
안녕히 계세요.

곡식을 심었는데 비가 와야 무럭무럭 자라지요

1977년 7월 3일
이종란 올림

오빠 읽어주세요

그간 아무 일없이 안녕하셨어요

오빠 곁에는 식구가 없으니까 나 하나도 허전해요

옹쏠하다 옹쏠하다 하는 것은 오늘에서야 환합이

옹쏠하니거 울고만 싶어요

곁에는 식구 "있~ 한참에 명명 우셨어요

옷에도 우러차서 어쩔줄 모르는데 밥에는

헌씨 아른 불러다 구워러서 웃었겠고

딸은 식구나 우러차서 못하겠고 이제 한들어

오빠 서씨님께선 갈밭에 외삼촌댁에 잘도 착하셨는지 궁금하네요

오빠 들에 족속들은 근에 참새들이 벼를 다깎아 먹어서요

아빠 가심병이 저녁늦게저거 추거씨놓지 라고 지는 한쳐 앉으요

건안 움에 나가보니 새들을 보느냐고 떠들어 째요

지 꾸만 우러우네요

혀께 비를 보내나 우러워서 못보겠오

윤불을 하가나 "

해는 저물어 가는데 어떤 마음 좋으냐

오빠 우러없는 을 몇차 적음니다

안녕히 계세요

안녕 1977. 5. 14일. 일요일

동생 종난 올림

아침 일찍부터 저녁 늦게까지 새를 쫓아요

오빠 읽어 주세요.
그간 아무 일 없이 안녕하셨어요.

오빠, 집에 식구가 없으니까 너무나도 허전해요. 쓸쓸하다. 쓸쓸하다. 하는 것은 오늘에서야 알았어요. 자꾸 쓸쓸하니까 울고만 싶어요.

집에는 식구 셋, 한 방에 한 명씩 무서워요. 낮에도 무서워서 어쩔 줄 모르겠는데 밤에는 더 그래요. 텔레비전을 보려 해도 무서워서 못 보겠고, 공부를 하려 해도 무서워서 못하겠고, 어쩌면 좋아.

오빠, 어머님께선 외삼촌 댁에 잘 도착하셨는지 궁금하군요. 오빠, 들에 곡식들은 참새들이 벼를 다 쪼아 먹고 있어 나빠요. 아침 일찍부터 저녁 늦게까지 새를 쫓노라면 저는…

정말 들에 나가보니 새들을 보느라고 떠들썩해요. 자꾸만 무섭더군요. 텔레비전를 보려해도 무섭고 공부를 하려해도 무섭고, 해는 저물어 가는데 어떡하면 좋아~~.

오빠 두서없는 글 몇 자 적었습니다.
안녕히 계세요.

집에 식구가 없으니까 허전해요

1977년 8월 14일 일요일
동생 종란 올림

오빠 읽어 주세요

저 태양 아래의 생명체의 모든 것들 태양과 계절에 못이기듯 진공속의 부라운 관에서 튀어나오듯 딱딱한 표피속에서 새 생명이 움트고 있는 이 계절에 오빠 께서는 몸건강 하신지 동생은 궁금 하기만 하군요.

지금은 오직 적막한 기차의 기적 소리만이 울릴뿐 모든 것이 그리워 지는 군요 오늘 집에서 왔으나 다시집이 그리워 져버 자취를 하다 보니 집의 귀중함과 또 고귀함과 부모님의 사랑 이라는 것을 다시한번 느껴 졌어요

그리고 오래전에 오빠 은행에서 기다리시다 가셨다면서요 저희 수업시간은요 수업끝난후에는 /시 15분 청소를 하면 시간 소이 좀 30~40분 늦고 청소를 하지 않으면 일찌 와요 전에는 저 집에 좀늦게 갔어요 그 : 30분쯤요

오빠 몸돈 주신데에 대하여 감사 드립니다
그럼 오빠 안녕
나도 안녕
모두 안녕

1978 4.9일
밤 10시 10분
은행에서 동생 띄움

집의 소중함과 부모님의 사랑을
다시금 느끼겠어요

오빠 읽어 주세요.

저 태양 아래 생명체의 모든 것을 태양과 계절에 못 이기듯 진공관 속의 브라운관에서 튀어나오듯 딱딱한 표피 속에서 새 생명이 움트고 있는 이 계절에 오빠께서는 몸 건강한지 동생은 궁금하기만 하군요.

지금은 오직 적막하고 기차의 기적소리만 울릴 뿐, 모든 것이 그리워지는군요. 오늘 집에 갔다 왔으나 다시 집이 그리워져요.

자취생활을 하다 보니 집의 그리움과 고귀함, 부모님 사랑이라는 것을 다시 한번 느끼겠어요.

그리고 오래 전에 오빠 온양에서 기다리다 가셨다면서요.

저희 수업 시간은요. 수업이 끝나면 오후 1시 15분 청소를 하면 30~40분 늦고 청소를 하지 않으면 일찍 와요. 전에는 저 집에 늦게 갔어요. 14:30분 경이요.

오빠 용돈 주신 것 감사합니다.

그럼 오빠 안녕

집에 갔다 왔으나 다시 집이 그리워지네요

1978년 4월 9일 밤 10시 10분

온양에서 동생 띠움

1975년 초가지붕을 슬레이트로 개량(14쪽 사진)하였고,
2001년 그 집을 철거하고 목조건물을 신축하여 현재 어머니가 살고 있다.

1970년대 어머니의 편지

초판 1쇄 발행 2021년 5월 17일

지은이 ㅣ 윤영순 이종인 이종만(재현) 이종란
펴내고 엮은이 ㅣ 이종익
출판등록번호 ㅣ 제2-3578호
펴낸 곳 ㅣ 자연과 사냥
주소 ㅣ 서울 중구 명동 10길 19-3 삼존빌딩 510호
전화 ㅣ 02-777-9090   팩스 ㅣ 02-776-9090
홈페이지 ㅣ gohunting.co.kr
E-mail ㅣ nhunting@naver.com

잘못된 책은 구입하신 곳에서 교환해 드립니다
값 15,000원

ISBN ㅣ 978-89-969893-5-6